Das **4-Wochen**-Wohlfühlprogramm

Body-Power

Neue Energie für Ihren Körper

Christine Green

p

Layout: Terry Jeavons & Company

Übersetzung: Janette Schroeder
Satz und Redaktion: schroeder & partner, München
Koordination: trans texas GmbH, Köln

ISBN 978-1-4054-8247-9
Printed in China

Alle Tipps und Hinweise der Autorin sind ganz allgemein gefasst und gelten für seelisch und körperlich gesunde Menschen. Zur individuellen Beratung, die in bestimmten Situationen angebracht ist, wenden Sie sich bitte an einen entsprechend qualifizierten Spezialisten.

Hinweis

Alle Übungen und Ratschläge, die in diesem Buch detailliert gegeben werden, richten sich an körperlich und seelisch gesunde Menschen. Weder der Autor noch der Verlag können für eventuelle Nachteile oder Schäden eine Haftung übernehmen, die aus den im Buch gegebenen Hinweisen resultieren. Es wird empfohlen, dass jeder, der die hier beschriebenen Übungen, Anwendungen und Ernährungsumstellungen durchführen möchte, sich zunächst von seinem Arzt beraten lässt.

Achten Sie darauf, dass die selbst gemachten Kosmetikprodukte nicht in Ihre Augen geraten. Falls das doch passieren sollte, spülen Sie das Auge unter fließend warmem Wasser aus. Verbrauchen Sie die selbst gemachte Kosmetik noch am Tag der Herstellung.

Inhalt

Einleitung

Sind Sie den ganzen Tag müde und schlapp? Essen (und trinken) Sie nicht immer nur, was gesund ist? Haben Sie das Gefühl, dass Ihnen ein paar Pfund weniger ganz gut tun würden? Dann ist dieses Buch genau das Richtige für Sie.

Durch die 28-Tage-Kuren Detox und Energie werden Sie sich innerlich und äußerlich wie verwandelt fühlen. Ihr Teint wird strahlend schön, Ihre Haare werden glänzen. Sie werden gut gelaunt sein und vor Energie nur so strotzen.

Folgen Sie der Detox-Kur, wenn Sie das Gefühl haben, zu viele Schadstoffe mit sich herumzuschleppen. Die Detox-Kur gelingt am besten, wenn Sie sich dazu eine kleine Auszeit gönnen können und ist eine hervorragende Grundlage für die Energiekur. Beide Kuren dürfen selbstverständlich auch unabhängig voneinander durchgeführt werden. Sie können die Wochenpläne Ihren eigenen Bedürfnissen entsprechend anpassen. Dazu finden Sie hier einfache Rezepte, Tipps zu einer gesunden Ernährung und viele Vorschläge, wie Sie Ihren Körper und Ihre Seele verwöhnen können. Sie werden sich anschließend wie neugeboren fühlen.

So wird die 28-Tage-Kur ein Erfolg

- Nehmen Sie von Anfang an eine positive Haltung ein.
- Richten Sie die Gedanken auf Ihr Ziel.
- Betrachten Sie jeden Tag als eine neue Chance.
- Sorgen Sie für Abwechslung – variieren Sie die einzelnen Behandlungselemente.
- Experimentieren Sie mit den verschiedenen Nahrungsmitteln.
- Verwöhnen Sie sich auch mal!

Unter folgenden Umständen dürfen Sie nicht entgiften

- wenn Sie schwanger sind oder stillen,
- vor medizinischen Untersuchungen oder Behandlungen,
- wenn Sie Diabetes Typ I haben,
- wenn Sie unter Anämie leiden,
- wenn Sie untergewichtig sind,
- wenn Sie gestresst sind,
- wenn Sie verschreibungspflichtige Medikamente einnehmen, die nicht abgesetzt werden dürfen.

Sprechen Sie generell mit Ihrem Hausarzt, bevor Sie einschneidende Ernährungs- und Lebensumstellungen vornehmen.

28 Tage
Detox-Kur

Wozu entgiften?

Stellen Sie sich Folgendes vor: Ihr Körper besitzt Spannkraft, Sie bringen einige Kilos weniger auf die Waage, haben gesunde Haut, mehr Kraft und Energie und mit der Verdauung klappt es auch wieder. Das ist zu schön, um wahr zu sein, finden Sie?

Keineswegs – es geht! Gönnen Sie sich einfach eine 28-tägige Detox-Kur und Sie werden sich gesünder fühlen, voller Energie, rein und revitalisiert.

Detox bedeutet Entgiften und ist weder eine Diät noch eine strenge Ernährungslehre. Detox ist vergleichbar mit Ihrem jährlichen Frühjahrsputz. Doch statt der Wohnung reinigen Sie Ihren Körper von allen Giften und Schadstoffen, die sich im Laufe der Jahre in ihm angesammelt haben. Giftstoffe gelangen auf unterschiedliche Weise in unseren Organismus – über die Luft, die wir atmen, und über die Nahrung, aufgrund der Umweltverschmutzung, aber auch durch den Alltagsstress. Mit der Zeit reichern sich immer mehr Gifte im Körper an, irgendwann gerät er aus dem Gleichgewicht und Sie fühlen sich träge und antriebslos. Durch Detox ist es jedoch möglich, diese Giftstoffe wieder loszuwerden und sich rundum gesund und wohl zu fühlen. Eine Entgiftung sorgt dafür, dass

- **Sie Ihr Immunsystem kräftigen,**
- **Ihr Herzkreislaufsystem unterstützen und**
- **Ihrem Körper die Energie zuführen, die er braucht, um sich zu regenerieren.**

So funktioniert's

Ähnlich wie eine Maschine, muss auch der menschliche Körper regelmäßig gewartet werden, um effektiv zu arbeiten. Täglich benötigt er Flüssigkeit und Nährstoffe als Energielieferanten, damit er gesund bleibt und die Zellerneuerung aufrechterhalten kann. Nahrungsmittel werden im Verdauungssystem des Körpers verarbeitet. Haben die Stoffwechselorgane den Lebensmitteln ihre Nährstoffe entzogen, werden die nicht verwertbaren Giftstoffe zu den Entgiftungsorganen des Körpers transportiert.

Die Leber ist für den Stoffwechsel von zentraler Bedeutung, darunter für die Ausscheidung der Endprodukte wie Harnstoff und Harnsäure und die Entgiftung der über die Pfortader vom Darm aufgenommenen Stoffe.

Die Nieren sorgen u.a. für die Ausscheidung von im Blut gelösten Stoffwechselschlacken, die Regelung des Wasser- und Elektrolythaushalts sowie das Säure-Basen-Gleichgewicht im Blut.

Das Lymphsystem ist ein wichtiger Teil der Immunabwehr und besteht aus Gefäßen und Lymphorganen, die über den Körper verteilt sind. Die Lymphe absorbiert Mikroorganismen, tote Zellen und andere Fremdsubstanzen aus unserer Nahrung und transportiert sie zu den Lymphknoten, wo sie gefiltert und zurückgehalten werden, bevor sie in den Organismus eindringen. Nachdem sie die Filterorgane passiert haben, werden sie über Urin, Stuhl und Schweiß ausgeschieden.

Die Haut ist ein wichtiger Indikator für unseren allgemeinen Gesundheitszustand. Über die Haut werden u.a. Ammoniak, Harnstoffe, Harnsäure, Salze und Wasser ausgeschieden.

Wenn eines dieser Organe nicht effektiv arbeitet, wird Ihre Gesundheit darunter leiden und Ihr Körper ist bei Stress oder nach einer Krankheit nicht mehr in der Lage zu regenerieren. Dann arbeiten die Organe auf zu niedrigem Niveau und es kommt zur Ansammlung von Abfallprodukten, bis die Schadstoffbelastung des Körpers insgesamt zu hoch wird. Ihr Körper gerät aus der Balance. Die Detox-Kur ist der ideale Weg, das Gleichgewicht im Körper wiederherzustellen.

Was bringt die Entgiftung?

Das Großartige an Detox ist, dass Sie sich schon nach kurzer Zeit fühlen werden, als ob Sie Bäume ausreißen könnten. Wer schon mal eine Entgiftungskur gemacht hat, wird Ihnen bestätigen, dass er sich anschließend so fit wie seit Jahren nicht mehr gefühlt hat. Dabei spielt Ihr Alter keine Rolle – ob Sie 25 oder 55 Jahre alt sind, Hausfrau und Mutter oder voll im Berufsleben stehen. Tatsache ist, dass wir alle oft gestresst sind, von Termin zu Termin hetzen und häufiger Fertiggerichte zu uns nehmen, als gesund für uns ist. Stellen Sie sich nur vor, wie es unter diesen Umständen in uns aussehen muss. Detox kann dazu beitragen, unseren Körper sozusagen wieder aufzuräumen.

Zeichen für zu viel Gift im Körper

- Allergische Reaktionen
- Blähungen
- Fettunverträglichkeit
- Häufige Stimmungsschwankungen
- Konzentrationsmangel
- Müdigkeit
- Kopfschmerzen
- Schweißausbrüche
- Verdauungsprobleme

Gesunde Ernährung

Zur Detox-Kur gehören drei Mahlzeiten – Frühstück, Mittag- und Abendessen. Zwischen den Mahlzeiten sollten fünf Stunden liegen, damit Ihr Körper genug Zeit für die Verdauung hat. Die letzte Mahlzeit sollten Sie möglichst vor 19 Uhr einnehmen; so hat Ihr Körper ausreichend Zeit, um die Nahrung zu verdauen, bevor Sie zu Bett gehen.

Der Ernährungsplan der Detox-Kur ist eine wahre Freude. Zwar sollten Nahrungsmittel, die auf den Seiten 10–11 nicht aufgeführt sind, auch nicht gegessen werden, dem gegenüber stehen jedoch ausgesprochen viele empfohlene Köstlichkeiten.

Und selbst wer nur ungern auf sein Cordon bleu verzichten möchte, wird schnell feststellen, wie interessant ein Salat schmeckt, wenn er mit einigen Kräutern oder zerhackten Nüssen gewürzt wurde.

Der Detox-Speiseplan basiert zum größten Teil auf frischem Obst und Gemüse – wegen der vielen Mineralstoffe und Vitamine, die in ihnen vorkommen. Konserven und Fertigprodukte sollten vermieden werden, da sie künstliche Zusätze und Konservierungsmittel enthalten. Falls Sie dennoch einmal nicht konsequent geblieben sind, achten Sie darauf, dass der größte Teil Ihrer Mahlzeit aus Salat oder gedünstetem Gemüse besteht.

Lebensmittel, die Sie meiden sollten

- Avocados
- Bananen
- Brot
- Käse aus Kuhmilch
- Konservierungsstoffe
- Kuhmilch
- Linsen
- Nahrungsergänzungsmittel
- Orangen
- Pilze
- Rotes Fleisch
- Salz
- Spinat
- Süßstoffe
- Tomaten
- Zucker

Empfohlene Nüsse

Nüsse enthalten zwar viele Kalorien, sind aber auch reich an Ballaststoffen, Nährstoffen, Kalium und ungesättigten Fettsäuren. Essen Sie die Nüsse roh, ungesalzen und frisch. Ideal sind:

- Cashewnüsse
- Haselnüsse
- Kastanien
- Macadamianüsse
- Mandeln
- Paranüsse
- Pecannüsse
- Pinienkerne
- Pistazien
- Walnüsse

Hülsenfrüchte, Körner, Kräuter & Gewürze

Hülsenfrüchte und Körner sind reich an Nährstoffen. Wenn sie auskeimen, steigt der Nährstoffgehalt noch. Diese Zutaten verleihen Speisen zusätzlich Farbe und Geschmack.

Hülsenfrüchte:
- Alfalfa
- Bohnen (dicke Bohnen, Gartenbohnen, Mungobohnen, rote Kidneybohnen)
- Kardamom
- Kichererbsen

Körner:
- Kürbiskerne
- Sesamkerne
- Sonnenblumenkerne

Kräuter & Gewürze:
- Basilikum
- Cayennepfeffer
- Dill
- Estragon
- Fenchel
- Ingwer
- Koriander
- Majoran
- Petersilie
- Pfeffer
- Rosmarin
- Salbei
- Thymian
- Zitronengras

Empfohlene Gemüse

- Artischocken
- Aubergine
- Blattgemüse
- Blumenkohl
- Bohnen (grüne Bohnen, Saubohnen, Stangenbohnen)
- Bohnensprossen
- Brokkoli
- Brunnenkresse
- Chicorée
- Chinakohl
- Erbsen
- Fenchel
- Frühlingszwiebeln
- Gelbe Kohlrübe
- Gurke
- Karotten
- Kartoffeln
- Knollensellerie
- Kohl (Grünkohl, Kohlweißling, Rotkohl, Weißkohl, Wirsing)
- Kohlrabi
- Kürbis (Eierkürbis, Gartenkürbis)
- Lauch, Porree
- Okra
- Paprika
- Pastinak
- Radieschen
- Rettich
- Rosenkohl
- Rote Bete
- Salat
- Sellerie
- Spargel
- Süßkartoffeln
- Wegerich
- Weiße Rüben
- Yamswurzel
- Zucchini
- Zuckermais
- Zwiebeln

Empfohlenes Obst

- Ananas
- Äpfel
- Aprikosen
- Birnen
- Brombeeren
- Datteln
- Erdbeeren
- Feigen
- Granatapfel
- Grapefruit
- Guave
- Heidelbeeren
- Himbeeren
- Kirschen
- Kiwis
- Korinthen
- Limetten
- Loganbeeren
- Lychees
- Mangos
- Maulbeeren
- Melonen
- Nektarinen
- Passionsfrucht
- Paw-Paw
- Pfirsiche
- Pflaumen
- Preiselbeeren
- Quitten
- Reineclauden
- Rhabarber
- Rosinen
- Rote Johannisbeeren
- Schwarze Johannisbeeren
- Stachelbeeren
- Sultaninen
- Weintrauben
- Zitronen
- Zwetschgen

Empfohlene Milchprodukte (nicht von der Kuh)

- Milch, Käse und Joghurt vom Schaf
- Milch, Käse und Joghurt von der Ziege
- Reismilch
- Sojamilch

Empfohlene Meeresfrüchte

Fisch enthält alle lebenswichtigen Eiweißstoffe. Roher Fisch ist gesünder als tiefgefrorener, denn beim Einfrieren gehen viele Nährstoffe verloren. Geräucherter Fisch wird dagegen empfohlen, da die Nährstoffe bei diesem Verfahren erhalten bleiben. In Salz eingelegter Fisch jedoch ist zu salzig. Achten Sie darauf, dass Fisch aus der Konserve in Oliven- oder Pflanzenöl eingelegt wurde.

- Forellen
- Garnelen
- Heilbutt
- Hering
- Hummer
- Kabeljau bzw. Dorsch
- Krabben
- Krebse
- Lachs
- Makrelen
- Rochen
- Sardinen
- Schellfisch
- Scholle
- Seeteufel
- Seezunge
- Shrimps
- Tunfisch

Andere empfohlene Nahrungsmittel

Diese Nahrungsmittel gehören ebenfalls in den Detox-Speiseplan. Mit ihnen lassen sich viele Gerichte wunderbar würzen und verfeinern:

- Algen
- Apfelessig
- Balsamicoessig
- Kürbiskernöl
- Miso
- Oliven
- Olivenöl
- Quorn
- Reiswaffeln
- Senf
- Sesamöl
- Tahin
- Tofu
- Walnussöl

Viele dieser Produkte erhalten Sie im Reformhaus oder in asiatischen Lebensmittelläden.

Gesunde Getränke

Der menschliche Körper besteht zu etwa 80 Prozent aus Wasser. Während der Detox-Kur ist es unabdingbar, die ohnehin lebenswichtige Flüssigkeitsaufnahme noch zu erhöhen. Flüssigkeiten unterstützen den Reinigungsprozess und helfen, die Schlacken auszuschwemmen.

Wasser Trinken Sie mindestens 2–2,5 Liter pro Tag, davon 1,75 Liter Wasser. Vielleicht müssen Sie häufig auf die Toilette, doch nach einigen Tagen wird sich Ihr Körper darauf einstellen. Falls Ihnen Wasser allein auf die Dauer zu geschmacklos wird, peppen Sie es einfach mit etwas Zitronen- oder Limettensaft, Honig oder fein geschnittenen Ingwerscheiben auf.

Kräutertees Echinacea und Bockshornklee sind dem Vernehmen nach die besten.

Löwenzahntee Die ideale Alternative zu Kaffee bekommen Sie im Reformhaus.

Obstsäfte Zusätzlich zur Mindestmenge an Wasser können Sie Fruchtsäfte trinken. Trinken Sie nur ungesüßte, reine Fruchtsäfte (Direktsäfte) und keine Säfte aus Fruchtsaftkonzentrat. Idealerweise pressen Sie Ihre Fruchtsäfte selbst.

Gemüsesäfte Auch aus Gemüse kann man wunderbare Säfte pressen. Auch hier sind selbst gemachte Säfte vorzuziehen. Die Möglichkeiten sind nahezu unendlich. Aus Roter Bete, Karotten, Sellerie, Gurken und Brunnenkresse etwa kann man köstliche, vitaminreiche Säfte herstellen.

Getränke, auf die Sie verzichten sollten

- Alkohol
- Kaffee
- Kohlensäurehaltige Getränke
- Tee
- Trinkschokolade

Apfelsaft

2 mittelgroße, saftige Äpfel ergeben etwa 275 ml.

Die ungeschälten Äpfel in Stücke schneiden und diese in einen Entsafter bzw. Mixer geben.

Apfelsaft enthält viel Vitamin C und eignet sich ausgezeichnet für die Entgiftung der Nieren und der Leber. Außerdem ist er sehr gesund für das Nervensystem.

Grapefruitsaft

1½ Grapefruits ergeben etwa 275 ml.

Rote Grapefruits sind ideal für Fruchtsäfte, da sie etwas süßer sind als die gelben.

Grapefruits schälen, die einzelnen Schiffchen trennen, grob zerkleinern und in den Mixer geben.

Trinken Sie selbst gemachte Fruchtsäfte

Mit einem Entsafter können Sie Ihre Fruchtsäfte aus den folgenden Früchten selbst herstellen:

- Ananas
- Apfel
- Birne
- Erdbeeren
- Grapefruit
- Limetten
- Mangos
- Melone
- Papaya
- Pfirsich
- Wassermelone
- Weintrauben
- Zitrone

Grapefruit enthält eine hohe Konzentration an Pektin, das den Cholesterinspiegel im Blut senkt. Eine halbe frische Grapefruit deckt mehr als die Hälfte unseres Tagesbedarfs an Vitamin C.

Pfirsichsaft

2 mittelgroße Pfirsiche ergeben etwa 350 ml.

Die ungeschälten Pfirsiche teilen, den Kern entfernen und das Fruchtfleisch in den Entsafter geben. Pfirsichsaft unterstützt die Reinigung der Därme, außerdem kann er die Blutfettwerte regulieren, zur Gesunderhaltung der Haut beitragen und die Wundheilung fördern.

Karottensaft

500 g Karotten ergeben etwa 400 ml.

Mit frischen gehackten Kräutern können Sie Ihrem Karottensaft eine besondere Note geben. Karotten gründlich waschen, in kleine Stücke schneiden und in den Entsafter geben. Karottensaft enthält viele Ballaststoffe und stärkt das Immunsystem, unterstützt die Reinigung der Leber von überschüssigem Fett, fördert die Verdauung und ist ein hervorragender Vitamin-A-Lieferant.

Rote-Bete-Saft

⅓ einer mittelgroßen Roten Bete ergibt etwa 125 ml.

Rohe Rote Bete ist gekochter vorzuziehen. Knolle gründlich waschen, Wurzeln entfernen, in Scheiben schneiden und in den Entsafter geben. Rote-Bete-Saft unterstützt die Reinigung des Blutes und der Nieren sowie die Gesunderhaltung des vegetativen Nervensystems.

Detox-Speiseplan

Sobald Sie Ihre Essgewohnheiten geändert haben und Sie sich regelmäßig gesund ernähren, wird Ihr Energieniveau konstant bleiben. Sie werden sich den ganzen Tag munter fühlen und gar nicht mehr in Versuchung kommen, ein Leistungstief mit einem Schokoriegel zu bekämpfen.

Die Detox-Kur ist keine Diät. Sie müssen also nicht auf regelmäßiges Essen verzichten. Ihre tägliche Essensration sollte umfassen:

- drei Portionen Gemüse,
- drei Portionen Obst,
- drei Portionen Salat,
- eine Portion Milchprodukte von Ziege oder Schaf,
- zwei Portionen Nüsse oder Fisch,
- eine Portion braunen Reis.

Falls Sie es bisher gewohnt waren, Ihr Frühstück ausfallen zu lassen, mittags schnell ein Sandwich zu verdrücken und sich abends dann ein Fertiggericht aufzuwärmen, wird Ihnen diese Liste vielleicht etwas aufwändig erscheinen. Doch bei der Gestaltung Ihres täglichen Detox-Speiseplans gibt es einen ganz einfachen Trick: Entwerfen Sie Ihre Menüs immer eine Woche im Voraus. So wissen Sie jederzeit, was am nächsten Tag fürs Frühstück, Mittagessen und Abendbrot auf dem Speiseplan steht.

Kalorienaufnahme

Jedes Lebensmittel enthält Kalorien. Sie drücken den Energiegehalt eines Nahrungsmittels aus. Wie viele Kalorien Ihr Körper täglich benötigt, hängt von Ihrem Alter, Ihren Lebensumständen usw. ab. Im Allgemeinen braucht eine durchschnittliche Frau etwa 1600 Kalorien pro Tag. Liegt die tägliche Kalorienzufuhr unterhalb von 1000 Kalorien, dann wird der Körper nicht ausreichend mit Energie und Nährstoffen versorgt und er wird auf diese „Hungersnot“ entsprechend reagieren.

Sorgen Sie dafür, dass Sie während der 28-tägigen Detox-Kur täglich

- morgens eine Tasse warmes Wasser mit einem Schuss Zitrone oder Limone trinken,
- mindestens 1,75 Liter Wasser trinken,
- zwei Leber-Drinks trinken (siehe Seite 16),
- zwei Nieren-Drinks trinken (siehe Seite 16),
- ein Präparat aus Seetangasche (Kelp) nehmen,
- in den ersten 15 Tagen ein Multivitaminpräparat einnehmen,
- drei Mahlzeiten pro Tag essen,
- eine Portion Reis essen (vorzugsweise ungeschälten Naturreis),
- drei Portionen Gemüse essen (mindestens eine davon Rohkost),
- drei Portionen Obst essen,
- drei Portionen frischen Salat essen,
- eine Portion eines Nahrungsmittels aus Ziegen-oder Schafsmilch essen,
- zwei Portionen Nüsse oder Fisch essen.

Zubereitungsarten

Wer nicht gerne kocht, wird Detox lieben. Generell gilt: Je weniger Nahrungsmittel erwärmt werden, desto mehr Nährstoffe bleiben erhalten. Wobei es natürlich Ausnahmen gibt. Fisch muss selbstverständlich gründlich erhitzt werden. Wenn Sie lieber gekochtes Gemüse zu sich nehmen, vermeiden Sie es, dieses zu lang oder in kochendem Wasser zu kochen oder es zu frittieren; es gibt schonendere Methoden, wie etwa braten, grillen oder die Mikrowelle. So behandelt verliert Gemüse kaum Geschmack und behält fast gänzlich seine natürlichen Aromen und Nährstoffe.

Tägliche Anwendungen

Die folgenden Tipps und Anwendungen werden Ihnen in den kommenden 28 Tagen helfen, das Ziel der Detox-Kur zu erreichen – die Entschlackung des Körpers und des Geistes.

Hilfreiche Nahrungsmittel

Warmes Zitronenwasser Eine Tasse warmes Wasser mit einem Schuss Zitronen- oder Limonensaft am Morgen erfrischt Ihren Mund und unterstützt die Leber bei der Arbeit (sie wird bei der Entgiftung am stärksten beansprucht).

Tägliche Anwendungen während der Detox-Kur

- Kalte Dusche oder kalte Abreibung
- Selbstmassage
- 30 Minuten sportliche Betätigung
- 5 Minuten lang bewusst atmen
- 10 Minuten bewusst entspannen
- 5 Minuten Visualisierung
- Lächeln oder besser noch herzhaft lachen
- An jedem dritten Tag ein Peeling machen
- An jedem fünften Tag ein Epsomsalzbad nehmen

Wasser Die Reinigung und Wiederherstellung des Körpers sind die Ziele der Detox-Kur. Das natürliche Mittel, das diesen Prozess optimal unterstützt, ist Wasser. Stellen Sie sicher, dass Sie täglich genug trinken.

Leber-Drink Während der folgenden 28 Tage ist Ihre Leber auf Ihre Unterstützung angewiesen, da sie während der Detox-Kur den größten Beitrag zur Entgiftung des Körpers leistet. Damit sie ihre Aufgabe optimal meistern kann, nehmen Sie täglich zwei der folgenden Nahrungsmittel zu sich:

- 2 Tassen Fenchel- oder Löwenzahntee
- 1 mittelgroßes Glas reinen Karotten- oder Rote-Bete-Saft
- 1 Hand voll Weintrauben
- 1 frische Knoblauchzehe (als Zutat in einer Speise)

Nieren-Drink Auch die Nieren haben bei der Entgiftung viel zu tun. Sie können diese Organe bei ihrer Arbeit unterstützen, indem Sie täglich mindestens zwei der folgenden Nahrungsmittel zu sich nehmen:

- 1 TL Honig in einer Tasse mit heißem Wasser auflösen und schlückchenweise trinken.
- 1 mittelgroßes Glas frisch gepressten Preiselbeersaft trinken.
- ½ mittelgroße Melone essen.

Kelp (Seetangasche) Wenn Sie Ihre Ernährungsweise maßgeblich verändern, wird auch Ihr Stoffwechsel davon beeinflusst; er wird sozusagen runtergefahren, wenn ihm nicht mehr die gewohnten Nährstoffe zugeführt werden. Es kann sehr hilfreich sein, wenn Sie zu Beginn der Kur Kelp (Seetangasche) zu sich nehmen, das den Körper mit Jod versorgt und so den Stoffwechsel ausgleicht.

Vitaminergänzungspräparate Es ist ratsam, mit dem Beginn der Kur ein Multivitaminpräparat einzunehmen, um sicherzustellen, dass Ihrem Körper durch die Ernährungsumstellung kein Mangel entsteht. In der Regel stellt sich der Körper in den ersten zwei Wochen auf die neue Ernährungsweise ein und Vitaminergänzungspräparate sind nicht mehr nötig.

Sei gut zu dir

Bei einer Detox-Kur geht es darum, dass der ganze Mensch – sein Körper und sein Geist – gereinigt und wiederhergestellt wird. Deshalb gehören auch Bewegungs- und Entspannungsübungen und ein Verwöhnprogramm dazu.

Kalt duschen tut gut

Die morgendliche Dusche ist etwas, was unser Körper für einen gelungenen Start in den Tag braucht – sie erfrischt und belebt. Zum Schluss lassen Sie nun eine Minute lang nur noch kaltes Wasser über Ihren Körper fließen. Das klingt ein wenig grausam, doch diese Minute unter kaltem Wasser:

- belebt Ihre Haut,
- belebt Ihre Muskulatur,

• stärkt die Abwehrkräfte Ihres Körpers.

Wem für eine kalte Dusche einfach die Überwindung fehlt, der kann eine etwas sanftere Methode anwenden. Tauchen Sie einen Waschlappen in eiskaltes Wasser – Sie können auch Eiswürfel in einen Waschhandschuh füllen – und streichen Sie damit Ihren ganzen Körper ab.

Selbstmassage

Eine Ganzkörpermassage hilft Spannungen und Stress abzubauen, den Blutdruck zu senken und fördert das Ausscheiden von Stoffwechselabbauprodukten und Schadstoffen. Außerdem wird die Haut besser durchblutet. Leider ist so eine Massage nicht gerade preiswert. Warum also nicht selber machen? Vielleicht haben Sie einen Partner, der Sie massieren kann. Mit einer Kopfmassage kann man sich aber auch alleine verwöhnen. Sie hilft übrigens nebenbei gegen Kopfschmerzen. Eine fünfminütige Massage wirkt von Kopf bis Fuß entspannend.

1 Atmen Sie einige Male tief ein und aus.

2 Beide Ohrläppchen mit Daumen und Zeigefinger leicht kneten und dann die Ohren an den Ohrrändern hinauf massieren. Oben angekommen ziehen Sie die Ohren sanft vom Kopf weg.

3 Nun massieren Sie mit den Zeige- und Mittelfingern jeder Hand Ihre Schläfen.

4 Schließlich konzentrieren Sie sich ganz auf Ihren Kopf und üben deutlichen Druck auf Ihren Schädel aus, so, als ob Sie sich Ihre Haare waschen würden.

Trockenbürsten

Bis vor kurzem war das Trockenbürsten noch kaum bekannt, doch inzwischen gehört es zum Standardprogramm vieler Wellnesskuren – nicht ohne Grund. Es hilft der Haut, abgestorbene Hautzellen loszuwerden, die die Poren verstopfen. Anschließend fühlt sie sich unglaublich weich und geschmeidig an.

Doch das ist noch nicht alles. Wer seine Haut täglich fünf Minuten lang sanft bürstet, unterstützt das Lymphsystem und damit seine Abwehrkräfte. Außerdem hilft es hervorragend gegen die von vielen Frauen gefürchtete Orangenhaut bzw. Cellulite!

So funktioniert das Trockenbürsten

• Benutzen Sie eine Bürste mit Naturborsten oder einen trockenen Waschlappen. Beginnen Sie an den Füßen und mit kleinen kreisförmigen Bewegungen, die dann körperaufwärts länger werden. Bürsten Sie immer Richtung Herz.

• Führen Sie die Bewegung niemals vom Herzen weg aus, das kann zu Mattigkeit führen, weil der natürliche Blutfluss durcheinander gebracht wird.

• Bürsten Sie Ihren Körper mit leichtem Druck, von den Knöcheln über die Knie bis hinauf zu Ihren Oberschenkeln und Ihrem Gesäß.

• Beginnen Sie am Handgelenk, dann die Arme hinauf bis zu den Schultern – auch auf der Armunterseite –, dann geht es über den Nackenbereich bis zur Schädelbasis.

• Bürsten Sie die Magengegend etwas zarter und immer im Uhrzeigersinn. Dadurch vermeiden Sie einen negativen Effekt auf den Magendarmtrakt und Ihr Verdauungssystem.

• Bürsten Sie Ihre Brüste nur ganz zart und lassen Sie die Brustwarzen völlig aus.

• Nach der ersten Anwendung werden Sie noch keine großartige Veränderung bemerken. Wenn Sie das Trockenbürsten jedoch längere Zeit anwenden, wird sich Ihre Haut bald viel zarter und weicher anfühlen als bisher.

Bewegung & Entspannung

Sport und Bewegung sind ideal, wenn es darum geht den Stoffwechsel anzuregen und zu steigern. Manche Sportarten unterstützen die Entgiftung durch Detox besonders hervorragend.

Walking Zügiges, strammes Gehen stimuliert Herz, Lungen, Muskeln und den Geist. Beginnen Sie mit 10–15 Minuten täglich, steigern Sie sich langsam auf 30 Minuten. Sie sollten leicht ins Schwitzen kommen.
Schwimmen Beim Schwimmen werden fast alle Muskeln beansprucht und es ist ein ideales, ausgesprochen gelenkschonendes aerobes Training.
Fahrrad fahren Wer Fahrrad fährt, trainiert die Kraftausdauer seiner Beinmuskulatur auf perfekte Weise. Das funktioniert draußen auf der Straße genauso gut wie auf einem Standfahrrad im Fitnessstudio – ein guter Grund, um Mitglied zu werden!
Trampolin Wer täglich 5–15 Minuten auf einem „Mini-Trampolin" springt, unterstützt den Abfluss der Lymphe und trainiert Ausdauer und Muskelkraft.

Falls Sie länger keinen Sport gemacht haben

- Trainieren Sie am Anfang nicht zu ehrgeizig – überanstrengte Muskeln produzieren Abfallprodukte und belasten so das Lymphsystem.
- Für jede Übung, die Sie machen, gilt: Fangen Sie langsam an und steigern Sie sich allmählich.
- Überfordern Sie sich nicht!
- Finden Sie die Art der Bewegung für sich, die Ihren Geist belebt.
- Machen Sie nur Übungen, die Sie mögen – dann machen Sport und Bewegung Spaß!

Sport tut Ihnen und Ihrem Körper gut, wenn er Spaß macht. Nehmen Sie sich Zeit für einen erfrischenden Fahrradausflug oder legen Sie Ihre Lieblingsmusik auf und hüpfen Sie dazu im Takt auf einem Mini-Trampolin.

Hausarbeit Es ist bewiesen – der Hausputz kann genauso anstrengend sein wie der Besuch eines Fitnessstudios. Eine Stunde Boden schrubben verbrennt immerhin 400 Kalorien! Falls Sie also befürchten, dass Ihre Wohnung während der Detox-Kur vernachlässigt werden könnte, dann ersetzen Sie eine Sporteinheit einfach durch eine Einheit Hausarbeit. Machen Sie diese Arbeit nun in der Hälfte der Zeit, die Sie sonst dafür aufwenden, dafür aber genauso gründlich!

Entspannung

Richtiges Atmen wirkt wie ein natürliches Beruhigungsmittel auf unser Nervensystem. Je tiefer Sie atmen, desto ruhiger wird Ihr Geist. Daher ist die Atmung ein zentrales Element vieler Entspannungsübungen. Ganz allgemein können Entspannungstechniken Ihnen dabei helfen, künftig gelassener mit stressigen Alltagssituationen umzugehen.

Die lange Schlange an der Supermarktkasse oder ein Stau werden nicht mehr so nervenaufreibend sein,

wenn Sie erst einige einfache Entspannungstechniken beherrschen. Das heißt nicht, dass Sie sich künftig nie wieder aufregen werden oder für immer völlig ruhig bleiben. Mit ein wenig Übung aber werden Sie merken, dass eine entspannte Einstellung erreichbar ist.

Folgen Sie den folgenden sechs Schritten; es könnte allerdings sein, dass Sie schläfrig werden!

1 Legen Sie sich mit ausgestreckten Beinen auf den Rücken; die Arme lang neben Ihrem Rumpf.

2 Schließen Sie Ihre Augen und atmen Sie langsam tief ein und aus.

3 Spannen Sie alle Muskeln beim Einatmen an; spüren Sie die Anspannung. Beim Ausatmen fühlen Sie ganz bewusst, wie diese Spannung wieder nachlässt.

4 Ziehen Sie Ihre Schultern so schnell Sie können zu Ihren Ohren hoch, während der Kopf flach auf dem Boden liegt. Zählen Sie bis fünf und führen Sie dann Ihre Schultern in die Ausgangsposition zurück.

5 Nun die Arme. Spannen Sie sie an – dadurch werden sie automatisch näher an Ihren Rumpf geführt; zählen Sie bis fünf und entspannen Sie wieder. Fühlen Sie bewusst, wie die Spannung von Ihnen abfällt, während Ihre Arme wieder schlaff zur Seite fallen.

6 Spielen Sie diese Übung der Anspannung und Entspannung auch mit Bauch, Po und Beinen durch.

Visualisieren

Wenn Sie täglich fünf Minuten in eine wunderschöne, angenehme Traumwelt eintauchen, könnten dies die wertvollsten Minuten während Ihres Detox-Tages sein. Alles, was Sie dazu brauchen, ist Konzentration.

Lehnen Sie sich bequem zurück, schließen Sie Ihre Augen und stellen Sie sich eine sehr angenehme Situation vor: Vielleicht liegen Sie an einem schönen Strand und die Sonne wärmt Ihren Körper oder Sie sitzen an einem warmen Sommertag auf einer Wiese im Park. Wählen Sie ein geistiges Bild, das bei Ihnen positive Gefühle wachruft. Nun malen Sie dieses Bild mit Details aus, sodass es immer realer wird. Rufen Sie sich dieses Bild nun täglich so oft wie möglich ins Bewusstsein, um die positiven Gefühle und die Energie, die mit ihm verknüpft sind, abzurufen.

Durch das Visualisieren solcher Traumbilder sehen Sie sich als Person, die ihre Ziele erreicht und erfolgreich ist. Wenn Sie längere Zeit regelmäßig visualisieren, wird Ihre Zuversicht wachsen und Sie werden eine immer positivere Einstellung zu sich selbst entwickeln.

Peeling

Machen Sie täglich ein Peeling. Ähnlich wie das Trockenbürsten entfernt es abgestorbene Hautschüppchen; allerdings brauchen Sie dazu Wasser und ein Peelingprodukt. Das Peeling eignet sich daher besonders in Verbindung mit einem Bad oder einer Dusche.

1 Geben Sie einige Tropfen Ihres Lieblingsbadeöls in das einlaufende Badewasser. Bleiben Sie anschließend 10 Minuten lang in der Wanne, sodass Ihre Haut vor dem Peeling schön weich ist.

Herzhaft lachen

Können Sie sich daran erinnern, wann Sie das letzte Mal so richtig herzhaft gelacht haben?

Wissenschaftler haben nachgewiesen, dass Menschen, die Stress mit Humor begegnen:

- weniger unter Druck stehen,
- seltener müde sind,
- sich seltener ärgern,
- seltener Depressionen haben.

Lachen sorgt außerdem dafür, dass:

- die Gesichtsmuskulatur sich entspannt,
- tiefer liegende Muskulatur trainiert wird,
- tiefer geatmet wird,
- die Durchblutung verbessert wird,
- der Blutdruck sinkt und Endorphine ausgeschüttet werden – körpereigene Glückshormone, die auch schmerzlindernd wirken.

2 Sie können noch in der Badewanne das Peeling auftragen, indem Sie den jeweiligen Körperteil aus dem Wasser heben. Oder Sie verlassen die Wanne, tragen das Peeling mit kreisenden Bewegungen auf Ihrem Körper auf. Wenn Sie damit fertig sind, geht es zurück in die Wanne, wo Sie das Peeling abwaschen.
3 Trocknen Sie sich nach dem Bad ab und cremen Sie Ihren Körper mit Feuchtigkeitscreme ein.

Hafermehlbad

Das wohltuende Hafermehlbad wirkt beruhigend.

- Füllen Sie 450 g Hafermehl in einen Strumpf und hängen Sie diesen unter den Warmwasserhahn, während das Badewasser einläuft.
- Während das Wasser durch den Hafer rinnt, werden die beruhigenden Wirkstoffe freigesetzt.
- Knoten Sie den Strumpf zu, lassen Sie ihn in der Wanne und benutzen Sie ihn als Schwamm.
- Genießen Sie das Bad 20 Minuten.
- Rubbeln Sie Ihre Haut sanft trocken.

Atemübung

Ein wesentliches Element der Detox-Kur ist diese Atemübung. Nehmen Sie sich täglich fünf Minuten Zeit, um tief und bewusst zu atmen. Kaum jemand atmet richtig. Wenn wir gestresst sind, wird unsere Atmung flach und die Brust hebt sich hektisch und ungleichmäßig. Durch bewusstes Atmen kann man das korrigieren. So geht's:

1 Legen Sie sich flach auf den Boden.
2 Legen Sie beide Hände flach auf Ihren Bauch; die Fingerspitzen berühren sich dabei leicht.
3 Atmen Sie langsam durch die Nase ein und zählen Sie dabei bis vier.
4 Halten Sie den Atem für einige Sekunden. Atmen Sie nun aus und zählen Sie dabei bis acht; fühlen Sie mit den Händen, wie sich Ihr Bauch dabei hebt.
5 Wiederholen Sie die Übung mehrmals.

Anfangs wird sich die Übung fremd anfühlen, bald jedoch werden Sie dabei wunderbar entspannen. Sie werden dann auch nicht mehr Ihre Finger brauchen, um zu spüren, wie Ihr Bauch sich ausdehnt (statt Ihres Brustkorbes).

Die richtige Atmung ist wichtig, weil
- sie die Reinigung des Körpers unterstützt.
- sie Ihnen hilft, zu entspannen.
- sie Ihren Körper mit Energie versorgt.

4 In Ihrem wärmsten Pyjama geht's nun zu Bett, gerne mit einem guten Buch, um anschließend zu schlafen.

Epsomsalzbad

Unterstützen Sie den Schadstoffabbau über die Haut und ihre Durchblutung mit einem Epsomsalzbad.
1 Lassen Sie Badewasser einlaufen und geben Sie 225–450 g Epsomsalz dazu. Sie erhalten Epsomsalz bzw. Glaubersalz (Magnesiumsulfat) in der Apotheke.
2 Baden Sie insgesamt 20 Minuten. Ziehen Sie sich anschließend schön warm an, um Ihren Körper beim Ausschwitzen der Giftstoffe zu unterstützen.

Essen, das gut tut

Das Tolle an der Detox-Kur: Sie müssen nicht hungern. Sie können genüsslich aus einer großen Vielfalt an Nahrungsmitteln auswählen und sich abwechslungsreiche Mahlzeiten zubereiten.

Seien Sie kreativ und kreieren Sie Ihre eigenen Gerichte. Manche werden Sie später sicher in Ihren normalen Speiseplan aufnehmen. Auf den folgenden Seiten finden Sie einige besonders leckere Anregungen, die Sie natürlich auch abwandeln können.

Frühstücksrezepte

Das Frühstück ist sehr wichtig. Alle folgenden Rezepte können Sie schnell und einfach zubereiten.

Birnenfrühstück

1 Birne
1 Glas Apfelsaft
150 g Ziegen- oder Schafsmilchjoghurt

Birne schälen und mit dem Apfelsaft sowie etwas Wasser in einen Topf geben. Zum Kochen bringen und köcheln, bis die Birne weich ist. Birne in einer Frühstücksschale mit dem Joghurt servieren.

Müsli

2 TL Hafer
2 TL Rosinen
2 TL Sesamsamen
2 TL Haselnüsse
2 TL Sonnenblumenkerne
1 Becher Schafsmilchjoghurt

Je zwei großzügige Teelöffel Hafer, Rosinen, Sesam, Haselnüsse und Sonnenblumenkerne über Nacht in Wasser einweichen lassen. Am Morgen mit Schafsmilchjoghurt vermengen und genießen.

Haferbrei

Große Haferflocken
Wasser
Rosinen

Eine Frühstücksschale mit Haferflocken füllen und ausreichend Wasser hinzufügen. Nach Belieben Rosinen dazugeben.

Hafer

¼ Tasse Haferkörner
½ Apfel, gehackt
1–2 EL Rosinen
½ TL Zimt
1 EL Honig

Den unbehandelten Hafer in einem Teller mit destilliertem Wasser über Nacht quellen lassen. Am nächsten Morgen Apfel, Rosinen, Zimt und Honig hinzufügen, umrühren und genießen.

Rezepte für Mittagsmahlzeiten

Die folgenden Gerichte sind schnell zubereitet, leicht und gesund und gleichzeitig nahrhaft, sodass Sie bis zum Abendessen durchhalten werden.

Kartoffelpfanne mit Garnelen

Neue Kartoffeln
1 rote Zwiebel, gehackt
1 Fenchel, gehackt
Olivenöl
1 EL Pinienkerne
1 Portion Garnelen, gekocht
Zitronensaft

Neue Kartoffeln in heißem Wasser garen. Anschließend das Wasser abgießen und die Kartoffeln halbieren.

Zwiebel- und Fenchelstückchen in Olivenöl braten, bis sie glasig sind. Anschließend die Kartoffelhälften dazugeben und weiterbraten, bis alles leicht braun ist. Währenddessen die Pinienkerne leicht rösten. Kurz bevor das Gemüse gar ist, Garnelen und Pinienkerne dazugeben und zwei Minuten weiterbraten. Alles auf einem Teller anrichten und mit frischem Zitronensaft beträufeln.

Reissalat

½ grüne Paprika, entkernt und gewaschen
½ rote Paprika, entkernt und gewaschen
5 cm Gurke
60 g gekochter Naturreis
30 g gekochte Erbsen
30 g gekochter Zuckermais
Sojasauce
Schwarzer Pfeffer
1 Prise Salz

Paprika und Gurke fein hacken und mit Reis, Erbsen und Mais vermengen. Sojasauce dazugeben und nach Belieben würzen.

Tunfisch mit Ofenkartoffel

1 große Kartoffel
Olivenöl
1 Portion frischen Tunfisch
2 kleine Chicorées
Balsamicoessig

Kartoffel im Ofen backen. Grill vorheizen. Tunfisch mit Olivenöl beträufeln und so lange grillen, bis er leicht braun ist. Nun Chicoréeblätter ablösen und auf den Tunfisch legen. Alles einige Minuten weitergrillen, bis der Chicorée weich ist. Aus 2 TL Olivenöl und Balsamicoessig ein Dressing zubereiten. Den Tunfisch neben der Ofenkartoffel anrichten und das Dressing über den Fisch träufeln. Guten Appetit.

Kressesuppe

Reicht für zwei bis drei Mahlzeiten.

900 ml Gemüsefond
1 große Gemüsezwiebel, fein gehackt
1 Knoblauchzehe, fein gehackt
450 g Kartoffeln, gewaschen und gewürfelt
1 großzügige Prise Kräuter der Provence
Meersalz
Frisch gemahlener schwarzer Pfeffer
1 Beet Brunnenkresse

In einem großen Suppentopf 3–4 EL Gemüsefond erhitzen. Zwiebel, Knoblauch und Kartoffeln zufügen. Bei mittlerer Hitze fünf Minuten garen, anschließend den restlichen Fond zufügen und zum Kochen bringen. Kräuter, Salz und Pfeffer zufügen und etwa 20 Minuten weitergaren, bis die Kartoffeln weich sind. Brunnenkresse zufügen und weitere fünf Minuten garen. Unter Rühren abkühlen lassen und gegebenenfalls Wasser zugeben. Vor dem Servieren erwärmen.

Bohnensalat

Strotzt nur so vor Proteinen und macht richtig satt. Für vier Personen.

200 g rote Kidneybohnen (aus der Dose)
200 g grüne Bohnen (aus der Dose)
200 g Kichererbsen (aus der Dose)
200 g Wachsbohnen (aus der Dose)
1 rote Zwiebel, gehackt
1 rote Paprika, entkernt und gewaschen
3 Stangen Sellerie, in feinen Scheiben
75 g Sultaninen
150 g Schafsmilchjoghurt
Salz und Pfeffer

Bohnen und Erbsen abgießen und in einen großen Topf geben. Zwiebel, Paprika, Sellerie und Sultaninen zugeben, den Joghurt einrühren und nach Belieben würzen. Dazu passt grüner Salat.

Rezepte fürs Abendessen

Die folgenden Gerichte schmecken auch Ihren Gästen. Es sind die Hauptmahlzeiten der Detox-Kur.

Kabeljau mit Kartoffelbrei

2 große Kartoffeln
1 Kabeljaufilet
Olivenöl
1 kleine Stange Lauch, in Scheiben geschnitten
1 Stück früher Weißkohl, in Streifen geschnitten
1 Knoblauchzehe, fein gehackt
Frisch gemahlener schwarzer Pfeffer

Kartoffeln schälen, klein schneiden und weich kochen. Kabeljau auf beiden Seiten goldbraun grillen. Lauch, Kohl und Knoblauch in einer Pfanne mit etwas Olivenöl leicht braun anbraten. Einen EL Olivenöl zu den Kartoffeln geben und zu einer weichen Masse stampfen. Kartoffelbrei auf einem Teller anrichten, Kabeljau darauflegen und mit schwarzem Pfeffer würzen.

Pikante Kartoffeln

Dieses würzige Gericht schmeckt einfach köstlich.

5–6 mittelgroße, neue Kartoffeln
3 EL Olivenöl
1 kleine Zwiebel, in Scheiben geschnitten
1 kleine Fenchelknolle, in Scheiben geschnitten
1–2 Zweigchen Rosmarin
2 Knoblauchzehen, fein gehackt
1 kleine Zucchini, in Scheiben geschnitten
1 EL Zitronensaft
frische Petersilie und Koriander, gehackt

Die neuen Kartoffeln weich kochen. Olivenöl in der Pfanne erhitzen und Zwiebeln, Fenchel und Rosmarin darin braten, bis alles leicht braun ist. Die Kartoffeln abgießen und zum Gemüse in der Bratpfanne geben. Nun Knoblauch und Zucchini zufügen und 10 Minuten braten, bis auch die Kartoffeln braun sind. Anschließend die Pfanne von der Herdplatte nehmen, Zitronensaft, Petersilie und Koriander zufügen, Rosmarinzweige entfernen und servieren.

Gemüseauflauf

3 mittelgroße Zwiebeln, gehackt
3–4 Karotten, gewürfelt
2 große Kartoffeln, geschält
300 ml Gemüsefond
1 EL Olivenöl
2 TL getrocknete Minze
Meersalz
Frisch gemahlener schwarzer Pfeffer
2 Knoblauchzehen, fein gehackt
1 EL Sesamsamen

Ofen auf 200 °C/Gas Stufe 6 vorheizen. Zwiebel, Karotten und Kartoffeln (in Scheiben) mit dem Gemüsefond in einem Topf zum Kochen bringen und 15 Minuten köcheln lassen. Eine Kasserolle leicht einfetten. Zwiebeln, Karotten und Gemüsefond in die Kasserolle umfüllen, Minze zufügen und würzen. Die Kartoffelscheiben darauflegen, Knoblauch und Sesam darüber verteilen und etwa 30 Minuten im Ofen backen, bis die Kartoffeln goldbraun sind.

Nützliche Tipps für die Detox-Kur

- Nie eine Mahlzeit auslassen.
- Falls Sie länger nicht nach Hause kommen, bereiten Sie etwas zu essen vor und nehmen Sie es mit; das können auch einfach Trockenfrüchte und ein paar Nüsse sein.
- Sagen Sie Ihren Freunden und Bekannten, dass Sie gerade entgiften.
- Wenn Sie auswärts essen, können Sie mit einem Salat nicht viel falsch machen.

Köstliche Nachspeisen

Apfelköstlichkeit

1 großer, schmackhafter Apfel
einige Kirschen, Himbeeren und Erdbeeren
2 TL Honig
Schafsmilchjoghurt
Geröstete Sesamkörner

Apfel schälen und Kerngehäuse entfernen. Beide Apfelhälften in ein wenig Wasser in einem Topf erhitzen, bis sie weich sind. In einem zweiten Topf Kirschen und Beeren mit 1 TL Honig zu einer Masse verkochen. Die Apfelhälften auf einen Teller legen und die Kirsch-Beeren-Honig-Mischung darauf verteilen. Joghurt mit einem TL Honig verrühren und darübergeben, anschließend mit Sesam bestreuen.

Fruchteis

Je eine Hand voll Himbeeren, Schwarze Johannisbeeren und Erdbeeren
1 TL Honig
1 kleiner Becher Schafsmilchjoghurt

Früchte säubern und vorsichtig mit dem Honig in einem Topf weich kochen. Alles in einer Schale abkühlen lassen und dann in das Gefrierfach geben. Kurz bevor die Masse hartgefroren ist, wieder herausnehmen. Joghurt in einen Mixer geben und Fruchtmasse langsam, Löffel für Löffel zufügen. Nur auf niedriger Stufe mixen. Sofort servieren oder im Gefrierfach für später aufbewahren.

Erdbeertraum

10 große Erdbeeren
2 kleine Becher Ziegenmilchjoghurt

Erdbeeren geputzt in den Mixer geben, Joghurt zufügen und zu einer soften Creme verarbeiten. Fertig!

Tipps für unterwegs

Ein Problem bei der Ernährungsumstellung ist, dass man seine alten Gewohnheiten nur schwer abstellen kann. Wenn Sie es gewohnt waren, mittags schnell ein Sandwich oder nachmittags Kaffee und Kuchen zu essen, dann sollten Sie das nun ändern.

Wichtig ist, dass Sie während der Detox-Kur keine Mahlzeit ausfallen lassen. Organisieren Sie sich. Nehmen Sie Zwischenmahlzeiten mit, wenn Sie das Haus verlassen: eine Tüte mit Trockenfrüchten oder Reiswaffeln. Wenn Sie am Nachmittag hungrig werden sollten, essen Sie doch einfach frisches Obst oder trinken Sie eine Tasse Kräutertee.

Am Arbeitsplatz Das Angebot der meisten Kantinen ist heute so groß, dass Sie eigentlich das Richtige zu essen finden sollten. Falls nicht, dann bereiten Sie zu Hause etwas zu und stellen Sie es in Ihrer Kantine oder in der Teeküche in die Mikrowelle.
Beim Stadtbummel Wenn Sie in der Stadt unterwegs sind, dann können Sie fast überall einen knackigen Salat oder eine Ofenkartoffel bekommen.
Im Restaurant Während der Detox-Kur wird es häufiger vorkommen, dass Sie sich mit Freunden in einem Restaurant treffen wollen. Inzwischen erfüllen viele Restaurants Sonderwünsche ihrer Gäste und können Ihnen sicher ein alternatives Gericht anbieten.

In chinesischen und indischen Restaurants gibt es eine große Auswahl an köstlich gewürzten Gemüsegerichten. Bestellen Sie dazu eine Schale gekochten Reis – fertig ist ein Hauptgericht.

Snacks

Während der Detox-Kur bekommt man normalerweise keinen Hunger, allerdings würden Sie an manchen Tagen sicher gerne naschen. Damit Sie nicht tief in eine Keksdose greifen, hier einige leckere Alternativen:

- Reiswaffeln (ungesalzen)
- Frisches Obst
- Eine Hand voller Nüsse und Körner
- Hummus (orientalische Vorspeise)

Tipps gegen Durchhänger

Während der 28-tägigen Detox-Kur werden Sie vielleicht manchmal kurz davor sein, einfach alles hinzuschmeißen. Mit den folgenden Tricks kriegen Sie die Kurve. Bestimmt!

Tun Sie sich etwas Gutes, um sich weiter zu motivieren. Bauen Sie Belohnungen in Ihre Detox-Kur ein: Das kann eine Pediküre sein, ein Stadtbummel, bei dem Sie sich etwas gönnen, ein Brief an sich selbst (legen Sie ihn in Ihr Tagebuch, dann können Sie ihn nach erfolgreichem Abschluss der Kur noch einmal lesen) oder einfach das Anhören Ihrer Lieblings-CD.

Sie könnten auch ein Aromabad nehmen: Geben Sie sechs Tropfen essentielles Öl ins Badewasser. Das fördert die Ausscheidung von Schadstoffen über die Haut und ist entspannend. Nach 20 Minuten werden Sie sich frisch fühlen und wie neugeboren.

Gesichtspeeling

Ein Peeling klärt den Teint und regt die Durchblutung der Gesichtshaut und -muskulatur an. Tragen Sie es mit kleinen Kreisbewegungen auf Gesicht und Hals auf und waschen Sie es mit lauwarmem Wasser wieder ab.

Peeling für trockene Haut Vermengen Sie 1 EL geriebene Mandeln mit flüssigem Honig zu einer Paste. Tragen Sie diese auf und waschen Sie sie anschließend mit lauwarmem Wasser ab.

Peeling für normale Haut Verrühren Sie 1 EL Weizenkleie mit 1 EL Quark/Schlagsahne zu einer Paste. Zart einmassieren und anschließend mit lauwarmem Wasser abwaschen.

Peeling für fettige Haut Vermischen Sie 1 EL Zucker mit Seifenschaum und verteilen Sie die Mischung auf Ihrem Gesicht. Anschließend mit lauwarmem Wasser abwaschen.

Gesichts-Dampfbad

Ein Dampfbad ist ideal, um die Gesichtshaut zu reinigen und zu entspannen. Es bereitet die Haut auf die Aufnahme von Nährstoffen vor und unterstützt sie beim Ausscheiden von Schadstoffen. Mit Kräutern können Sie die Wirkung noch unterstützen.

1 Make-up entfernen und Haare zurückbinden.
2 Wasser auf dem Herd zum Kochen bringen und in eine hitzebeständige Schale umfüllen. Nun können Sie gegebenenfalls Kräuter Ihrer Wahl zufügen.
3 Beugen Sie Ihren Kopf über die Schüssel und legen Sie ein Handtuch über Ihren Kopf; jetzt kann der aufsteigende Dampf Ihre Gesichtshaut reinigen.
4 Behalten Sie diese Position 15 Minuten bei, damit sich Ihre Poren öffnen können.

Lassen Sie Ihr Gesicht nach dem Dampfbad an der Luft trocknen, bevor Sie eine Gesichtsmaske auftragen. Wenn Sie zu geplatzten Äderchen oder Ausschlägen neigen, sollten Sie das Dampfbad ausfallen lassen und nur eine Gesichtsmaske auftragen.

Kräuter für das Gesichts-Dampfbad

Kamille – beruhigend und kühlend
Fenchel – stimulierend und beruhigend
Geranie – heilend und regenerierend
Lavendel – Blüten und Blätter wirken antiseptisch
Zitronenbalsam – beruhigend und adstringierend

Begleiterscheinungen

Bei der Entgiftung kann es zu mehr oder weniger unangenehmen Nebenwirkungen kommen. Das ist ganz normal. Schuld sind die Ausscheidung von Schadstoffen über die Haut und die Schleimhäute. Normalerweise gehen alle Beschwerden relativ schnell vorüber; sollten sie jedoch andauern, fragen Sie Ihren Arzt um Rat. Ignorieren Sie die Reaktionen Ihres Körpers auf keinen Fall:

Verstopfung Eine Ernährungsumstellung hat oft Auswirkungen auf die Verdauung; diese sollte nur einige Tage andauern. Ihr Stuhl wird durch die erhöhte Einnahme von Ballaststoffen weicher werden als sonst.

Grippesymptome Ebenfalls üblich bei Ernährungsumstellung. Falls sie nach zehn Tagen immer noch auftreten, prüfen Sie, was Sie essen, und stellen Sie sicher, dass Sie es mit dem Sport nicht übertreiben.
Belegte Zunge Ein Indikator dafür, dass Ihr Körper Giftstoffe ausscheidet.
Kopfschmerz Tritt auf, wenn Koffein und andere chemische Substanzen abgebaut werden.
Pickel Über die Haut werden die meisten Giftstoffe ausgeschieden; Pickel sind also ganz normal während einer Entgiftung.
Müdigkeit Sie tritt gerade in den ersten Tagen der Ernährungsumstellung besonders häufig auf. Hat der Körper sich jedoch umgestellt, fühlt man sich schnell wieder fit. Falls Sie sich dennoch weiterhin schlapp fühlen, kann es daran liegen, dass Sie zu wenig essen.

Entspannende Öle

Kamille • (Wiesen)Salbei • Lavendel • Sandelholz • Ylang Ylang

Belebende Öle

Geranie • Grapefruit • Zitrone • Limone • Pfefferminz

Beruhigende Öle

Wacholder • Lavendel • Majoran • Rosmarin

Detox: Tag 1–7

Jetzt ist es so weit! Sie haben sich vorbereitet und wissen, was Sie in den nächsten 28 Tagen erwartet. Beginnen Sie mit der Detox-Kur in einer positiven Stimmung, dann ist sie am effektivsten.

Freitag ist der ideale Tag für den Einstieg, so können Sie sich am Wochenende an die Kur gewöhnen. In den kommenden 28 Tagen werden Sie sehr starke Veränderungen an sich wahrnehmen – eventuell die größten in Ihrem bisherigen Leben. Führen Sie täglich Protokoll (siehe Seite 33) und hängen Sie es gut sichtbar an Ihre Küchentür, sodass Sie alle Elemente der Detox-Kur immer vor Augen haben.

Ein Tagebuch, in dem Sie Ihre Aktivitäten festhalten, ist hilfreich: Was haben Sie gegessen? Wie viel Zeit haben Sie sich für sich selbst genommen? Notieren Sie jeden Abend, wie Sie sich fühlen. Sie werden an manchen Tagen ganz viel schreiben und an anderen weniger. Das Tagebuch zu führen und darin zu lesen, hilft Ihnen an Tagen, an denen Sie einen Durchhänger haben, und wird Sie motivieren, durchzuhalten. Auf Seite 29 finden Sie eine Tabelle, in die Sie Ihr Gewicht und Ihre Maße eintragen können.

Das folgende Beispiel zeigt, wie Sie den ersten Tag gestalten könnten. Natürlich können Sie die Zeit und die Reihenfolge für die einzelnen Aktivitäten an Ihre Bedürfnisse anpassen, indem Sie z. B. einige Aktivitäten in den Abend verlegen.

07:00 Uhr

Trinken Sie nach dem Aufstehen ein Glas warmes Wasser mit ein wenig Zitronen- oder Limonensaft. So bekommt Ihr Körper einen Kick.

Beleben Sie Ihre Haut mit einer trockenen Bürstenmassage; dann duschen oder baden und massieren.

08:00 Uhr

Frühstück: Bereiten Sie sich ein Müsli aus Schafsmilchjoghurt, Sonnenblumen-, Sesam- und Kürbiskernen sowie gehackten, getrockneten Aprikosen zu. Alles mischen und Joghurt dazugeben.

09:00 Uhr

Verwöhnen Sie sich mit einer Gesichtsbehandlung.

11:00 Uhr

Zeit für ein wenig Entspannung und bewusstes Atmen.

13:00 Uhr

Zum Mittagessen könnten Sie einen der Salate von Seite 23 auswählen. Danach gibt es Obst. Essen Sie langsam und kauen Sie bewusst. Bleiben Sie nach dem letzten Bissen noch eine Weile sitzen.

14:00 Uhr

Entspannen Sie, schauen Sie fern oder lesen Sie. Nun folgt ein flotter Spaziergang: Beginnen Sie langsam,

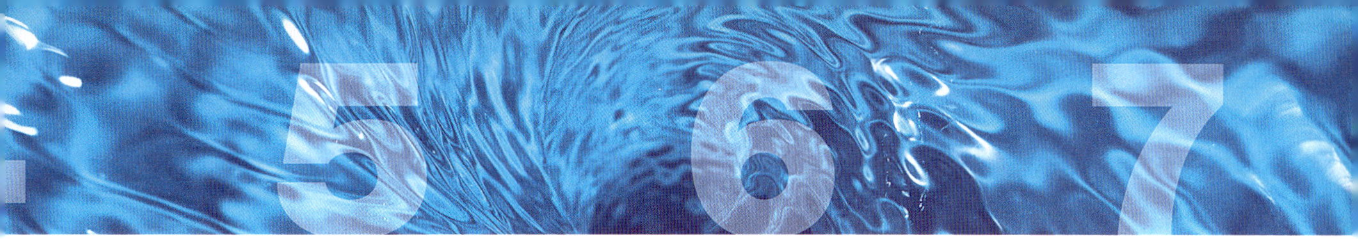

werden Sie dann schneller und reduzieren Sie das Tempo dann wieder. Überlegen Sie sich eine Route, die etwa 35 Minuten dauert.

16:00 Uhr

Bevor Sie sich Ihr Abendessen zubereiten, dürfen Sie sich erst mal verwöhnen. Wie wär's mit einer Fußmassage – etwa nach einem langen Spaziergang? Legen Sie Ihre Hände flach auf den Rist eines Fußes und streichen Sie mit langen, kräftigen Zügen Richtung Knie. Wiederholen Sie das mehrmals. Bearbeiten Sie nun die Rückseiten Ihrer Beine, kneten Sie die Muskeln der Waden und der Oberschenkelrückseiten zunächst sanft und dann fester. Entspannen Sie sich nun, hören Sie Musik und trinken Sie einen frisch gepressten Saft oder Kräutertee.

18:00 Uhr

Bereiten Sie zum Abendbrot einen Teller mit gedünstetem Gemüse zu, das Sie mit frischen Kräutern, Nüssen und Körnern würzen. Essen Sie langsam und genießen Sie jeden Bissen ganz bewusst.

19:00 Uhr

Visualisierung. Konzentrieren Sie Ihre Gedanken an einem ruhigen Ort. Stellen Sie sich etwas Schönes vor. Wischen Sie störende Gedanken weg und fokussieren Sie das Bild, das vor Ihrem inneren Auge entstanden ist.

20:00 Uhr

Genießen Sie ein Aromabad. Sorgen Sie für eine warme und entspannende Atmosphäre im Bad. Stellen Sie Kerzen auf und machen Sie Ihre Lieblingsmusik an. Beginnen sie tief ein- und auszuatmen, während Sie in der Wärme schwelgen und der Musik lauschen. Spüren Sie, wie die Anspannung des Tages beim Ausatmen von Ihnen abfällt. Ziehen Sie nach dem Abtrocknen Ihre Nachtwäsche an und entspannen Sie bei einer Tasse Kräutertee.

Merke: Vergessen Sie nicht, alle Aktivitäten im Detox-Protokoll einzutragen. Notieren Sie jeden Abend in Ihrem Tagebuch, wie Sie sich am Tag gefühlt haben – egal ob gut, weniger gut oder schlecht.

Tipps für die Woche

Versuchen Sie sich an die Abläufe des Detox-Programms zu gewöhnen und experimentieren Sie bei der Auswahl Ihrer Speisen. Machen Sie am dritten Tag ein Ganzkörperpeeling und nehmen Sie am fünften Tag ein Epsomsalzbad. Gut möglich, dass am sechsten Tag Langeweile aufkommt. Sorgen Sie also durch Kleinigkeiten für Abwechslung – eine Maniküre, eine Gesichtsmaske oder einen schönen Film. Schon kleine Veränderungen sorgen für neue Motivation.

Maß- und Gewichtstabelle

Die Detox-Kur ist keine Diät zur Gewichtsreduktion. Doch durch die Veränderung Ihrer Routinen und Ihrer Essgewohnheiten werden Sie sich nicht nur bald attraktiver und wohler fühlen, sondern auch mehr Energie haben und eine kräftigere Muskulatur.

Notieren Sie Ihre Maße und Ihr Gewicht am Ende jeder Woche.

	1. Woche	2. Woche	3. Woche	4. Woche
Datum				
Gewicht				
Brust				
Taille				
Hüfte				

Ende der ersten Woche

- Sie werden sich munter fühlen.
- Ihre Haut wird rosiger sein.
- Vielleicht haben Sie einige Pickel am Rücken, denn auch über die Haut werden Giftstoffe aus dem Körper ausgeschieden.
- Schon jetzt sollten Sie sich aufgrund der Behandlung fitter und schlanker fühlen.

Detox: Tag 8–14

Einige Abläufe werden Ihnen nun in Fleisch und Blut übergegangen sein und vielleicht haben Sie einige Dinge in Ihrem Tagesablauf geändert. Auf in die zweite Woche!

07:00 Uhr

Trinken Sie ein Glas warmes Wasser mit Zitronen- oder Limettensaft. Trockenbürsten und kurz duschen.

08:00 Uhr

Zum Frühstück gibt es eine große Schale mit frischem Obstsalat.

09:00 Uhr

Gesichts-Dampfbad

11:00 Uhr

Visualisierung

13:00 Uhr

Essen Sie einen knackigen Salat.

14:30 Uhr

Gehen Sie schwimmen.
Ruhen Sie sich anschließend zu Hause aus.

15:15 Uhr

Entspannung; anschließend ein Glas Kräutertee und eine Orange.

18:00 Uhr

Essen Sie gegrilltes Gemüse.

20:00 Uhr

Nehmen Sie ein Hafermehlbad (siehe Seite 20). Massieren Sie Ihre Füße ausgiebig mit Feuchtigkeitscreme und ziehen Sie anschließend Baumwollsocken über. Die Haut an Ihren Füßen wird so seidenweich.

Was sich verändert haben wird

- Sie sind abends nicht mehr so müde.
- Sie erwachen morgens viel munterer und frischer.
- Ihre Haut wird deutlich besser aussehen; Pickel sind gegebenenfalls verschwunden.
- Sie werden sich körperlich viel leistungsfähiger fühlen als zu Beginn der Kur.
- Sie werden viel mehr Energie haben.

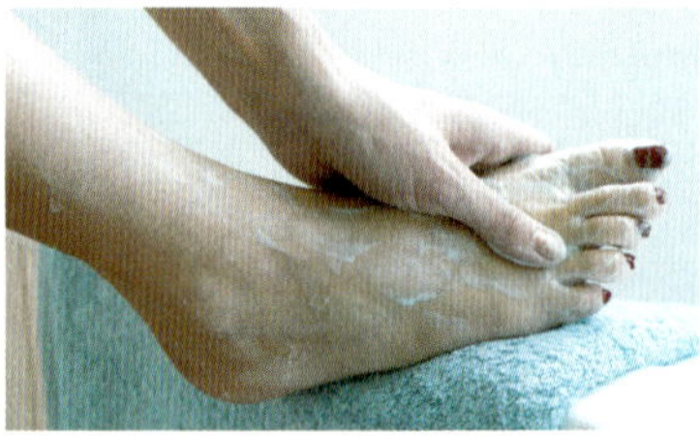

Merke: Tragen Sie alle Aktivitäten in Ihr Detox-Protokoll ein. Machen Sie sich Notizen in Ihrem Tagebuch, bevor Sie zu Bett gehen.

Tipps für die Woche

Behalten Sie die routinemäßigen Abläufe bei. Falls Sie einen Durchhänger haben sollten, machen Sie etwas Positives – gehen Sie in Ihr Fitnessstudio und machen Sie eine Gymnastikstunde mit. Bedenken Sie auch, dass eine ordentliche Einheit Hausarbeit genauso viel bringt wie 35 Minuten im Schwimmbecken. Wenn Sie wollen, können Sie sich in dieser Phase wiegen. Wenn Sie die Kur bis hier konsequent durchgeführt haben, müssten Sie eigentlich abgenommen haben.

Detox: Tag 15–21

Halbzeit: Nun beginnt die letzte Hälfte der Detox-Kur. Gratulation, dass Sie es bis hier geschafft haben. Halten Sie durch, ab jetzt wird es immer leichter.

Sie sind weit gekommen und Ihr Körper wird Ihre Anstrengungen nun spürbar belohnen.

07:00 Uhr

Trinken Sie ein Glas warmes Wasser mit Zitronen- oder Limettensaft. Trockenbürsten und duschen.

08:00 Uhr

Zum Frühstück getrocknete Aprikosen hacken und mit Körnern über einen Joghurt geben.

09:00 Uhr

Gönnen Sie sich eine Massage mit Ihrem Lieblingsmassageöl.

11:00 Uhr

Nehmen Sie sich eine anstrengende Hausarbeit vor, aber erledigen Sie diese in der halben Zeit, die Sie normalerweise dafür benötigen. Wenn Sie also zwei Stunden zum Fensterputzen brauchen, machen Sie es nun in einer.

13:00 Uhr

Wie wäre es heute mit einer Karottensuppe?

14:00 Uhr

Visualisierung. Machen Sie anschließend ein Gesichts-Dampfbad (siehe Seite 26).

15:15 Uhr

Eine Runde Entspannung und danach gemütlich ein Buch lesen.

18:00 Uhr

Zum Abendessen gibt es heute vielleicht Fisch mit Salat.

20:00 Uhr

Nehmen Sie ein Bad; dann folgt Maniküre und Pediküre, während Sie entspannender Musik lauschen.

Merke: Tragen Sie alle Aktivitäten in Ihr Detox-Protokoll ein. Machen Sie sich Notizen in Ihrem Tagebuch, bevor Sie zu Bett gehen.

Tipps für die Woche

Gestalten Sie Ihre Ernährung, aber auch die Übungen abwechslungsreich und verwöhnen Sie sich auch zwischendurch mit kleinen Anwendungen. Das wird sich maßgeblich auf Ihr Wohlbefinden auswirken!

Was sich verändert haben wird

- Sie fühlen sich ausgesprochen erfrischt und sind voller Tatendrang.
- Ihre Haut ist jetzt weich und makellos; trockene Stellen sind verschwunden.
- Sie haben wahrscheinlich ein wenig abgenommen.
- Ihr Körper fühlt sich jetzt straffer an und sieht fester aus.
- Ihre Arm- und Beinmuskulatur wird deutlicher sichtbar sein.
- Sie werden ganz bewusst fühlen, dass Ihr Körper weitgehend entschlackt ist und auf einem optimalen Niveau arbeitet.

Detox: Tag 22–28

Jetzt geht es in die letzte Runde. Inzwischen werden Sie sicherlich Ihren ganz persönlichen Tagesablauf entwickelt und sich an die Kur gewöhnt haben.

Jetzt bloß nicht aufgeben. Halten Sie durch – es sind nur noch sieben Tage bis ins Ziel!

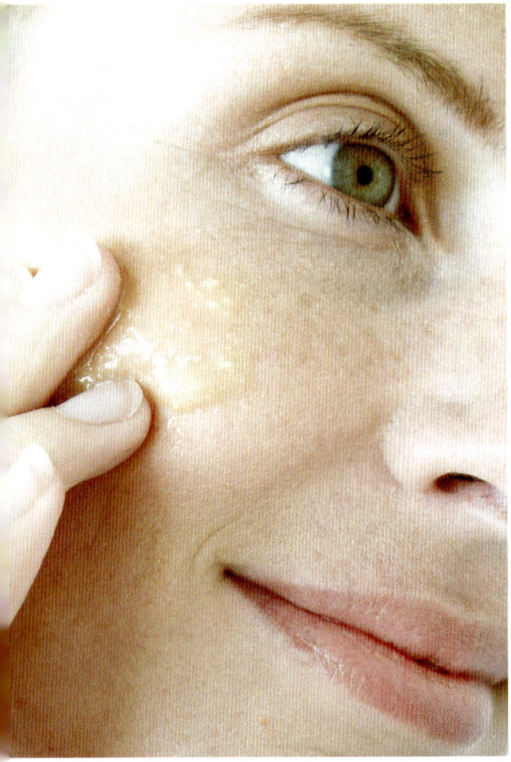

07:00 Uhr

Trinken Sie ein Glas warmes Wasser mit Zitronen- oder Limettensaft. Trockenbürsten und kurz duschen.

08:00 Uhr

Zum Frühstück gibt es eine Schale mit frischem Fruchtsalat (wenn nötig am Abend zuvor vorbereiten).

09:00 Uhr

Atemübungen. Gönnen Sie sich eine Reinigung der Gesichtshaut.

11:00 Uhr

Springen Sie auf einem Trampolin (es gibt Geräte für zu Hause) oder gehen Sie in Ihr Fitnessstudio und machen Sie ein Workout mit.

13:00 Uhr

Zum Mittagessen gibt es einen leckeren Kartoffelsalat mit Fenchel.

14:00 Uhr

Totale Entspannung

15:15 Uhr

Visualisierung

18:00 Uhr

Wie wäre es mit gegrilltem Gemüse zum Abendessen?

20:00 Uhr

Nehmen Sie ein Epsomsalzbad.

Sie fühlen sich wie neu!

- Ihre Haut ist so schön wie seit Jahren nicht mehr.
- Bewegung ist nun ein fester Bestandteil Ihres Alltags.
- Ihr Körper ist in großartiger Verfassung.
- Sie werden in Hochstimmung sein.
- Sie werden sich gesund fühlen wie seit Jahren nicht mehr.

Wiegen und messen Sie sich und tragen Sie die Ergebnisse in der Liste auf Seite 29 ein. Vergleichen Sie Ihre Werte mit denen aus den letzten Wochen. Jetzt wissen Sie, was Sie geleistet haben.

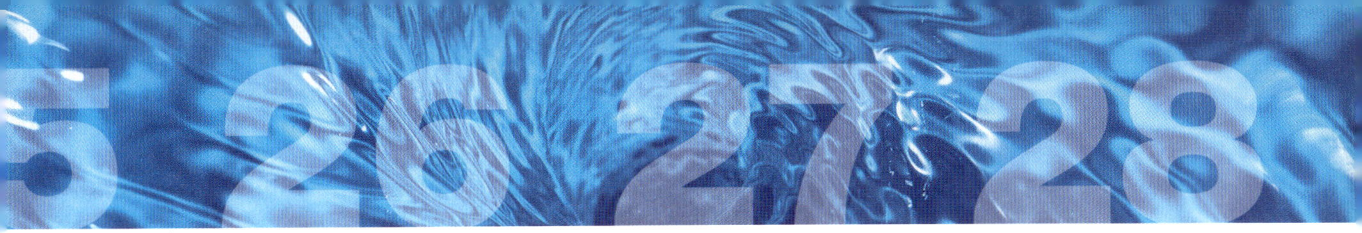

Detox-Protokoll

Tragen Sie in diese Tabelle Ihre Aktivitäten ein.

Aktivitäten/Tag	1	2	3	4	5	6	7	8	9	10	11	12	13	14	15	16	17	18	19	20	21	22	23	24	25	26	27	28
1 Glas warmes Wasser mit Zitronen- oder Limettensaft																												
Dusche/Bad																												
Trockenbürsten																												
Feuchtigkeitsbehandlung																												
Frühstück																												
Mittagessen																												
Abendessen																												
1,75 Liter Wasser																												
Obst																												
Ziegen-/Schafsmilch																												
Ziegen-/Schafskäse																												
Ungeschälter Naturreis																												
Salat																												
Nüsse																												
10-Minuten-Entspannung																												
5-Minuten-Atemübung																												
5-Minuten-Visualisierung																												
Verwöhnprogramm																												
Peeling (jeden 3. Tag)																												
Lachen																												
Massage																												
Epsomsalzbad (3-mal während der Kur)																												

28 Tage

Energie-kur

Energie tanken

Kennen Sie das? Sie fühlen sich morgens genauso müde wie am Abend, als Sie zu Bett gegangen sind? Oder Sie lassen das Frühstück ausfallen und bekommen schon am Vormittag Riesenlust auf ein Stückchen Kuchen?

Nehmen Sie mittags oft schnell ein Sandwich und eine Tasse Kaffee zu sich, um dann ein Leistungstief am Nachmittag wieder mit Kaffee und Kuchen aufzufangen? So ein Verhalten ist inzwischen gang und gäbe, jedoch keinesfalls gesund. Es raubt Ihrem Körper sämtliche Kraftreserven und verhindert, dass er optimal arbeiten kann.

Falls Sie so einen Tagesablauf kennen, dann ist die Energiekur genau das Richtige für Sie. Nach nur vier Wochen sind Ihre Batterien neu aufgeladen, Sie sehen gesund aus und sind fit.

Woher kommt die Antriebslosigkeit?

Zahlreiche Faktoren können dafür verantwortlich sein, dass sich ein Mensch matt und antriebslos fühlt. Wenn Sie ständig müde sind und Ihr Arzt keine medizinischen Ursachen feststellen konnte, ist es Zeit, über andere Gründe dafür nachzudenken.

Schlechte Ernährung

Einseitige Diäten, unregelmäßige Mahlzeiten, das Ausfallenlassen von Mahlzeiten oder einfach Mangelernährung können Ihrem allgemeinen Wohlbefinden massiv zusetzen und Ihre Energiereserven bis zur totalen Entkräftung erschöpfen.

Lassen Sie keine Mahlzeit aus. Besonders das Frühstück ist wichtig. Nach einer langen Periode ohne Essen braucht Ihr Körper am Morgen dringend neue Nährstoffe. Auch wer tagsüber aufs Essen verzichtet und sich mit Kaffee über den Tag rettet, um dann abends eine große Portion zu verschlingen, tut sich nichts Gutes. Entziehen Sie Ihrem Körper tagsüber Nahrung, sinkt der Blutzuckerspiegel und Sie werden müde und unkonzentriert. Essen Sie also immer drei Mahlzeiten pro Tag und gesunde, fettarme Zwischenmahlzeiten gegen den Hunger zwischendurch.

Stress

Wir alle haben Stress, im Job oder als Hausfrau und Mutter – Stress ist eine Geißel des modernen Lebens. Ein gewisses Maß an positivem Stress ist ja ganz nützlich: Er motiviert uns dazu, bestimmte Dinge zu tun, morgens aufzustehen oder unsere Rechnungen pünktlich zu bezahlen. Problematisch wird Stress, wenn er zum ständigen Begleiter unseres Alltags geworden ist. Dann reagiert unser Körper mit chronischen physischen oder psychischen Krankheiten wie etwa:

- Angst
- Depressionen
- Energiemangel
- Kopfschmerzen
- Reizdarm
- Schlafstörungen
- Verdauungsproblemen

Stress ist normalerweise nicht lebensbedrohlich, dennoch sollten Sie nicht zulassen, dass er Ihr Leben bestimmt. Es ist wichtig, dass Sie Stress erkennen und mit ihm umzugehen lernen. Wichtig ist, dass Sie sich von der Situation oder dem Problem, das den Stress unmittelbar verursacht, ablenken – machen Sie einen Spaziergang, hören Sie Musik, putzen Sie, machen Sie irgendetwas, das Sie ablenkt oder Ihnen hilft zu entspannen.

Ihr Körper reagiert auf Stress mit einem stark erhöhten Grundumsatz und viele wichtige Nährstoffe werden aufgebraucht – vor allem Vitamin B und C und Zink. Daher ist es enorm wichtig, in und nach einer stressigen Zeit den Körper über die Nahrung mit diesen essentiellen Nährstoffen zu versorgen.

Während der 28-Tage-Kur dürfen Sie täglich

- frühstücken
- eine Dosis Aloe vera mit Ihrem Frühstücksgetränk einnehmen.
- drei Mahlzeiten essen
- ein Multivitaminpräparat einnehmen (an den ersten 15 Tagen)
- mindestens 1,75 Liter Wasser trinken
- mindestens dreimal frisches Obst essen
- mindestens drei Portionen Gemüse essen
- ein Produkt aus Ziegen- oder Schafsmilch einnehmen.

Vitamin B unterstützt das Nervensystem und liefert Energie. Es kommt vor in Kartoffeln, grünen Gemüsen, Tomaten, frischem und getrocknetem Obst, Weizenkeimen, Vollkorn, Naturreis, Eiern, magerem Fleisch, Meeresfrüchten, Milchprodukten, Leber, Nieren, Geflügel, Hülsenfrüchten, Nüssen und Samen.

Vitamin C unterstützt das Immunsystem unseres Körpers. Es ist in frischem Obst enthalten (besonders in Zitrusfrüchten wie Orangen, Grapefruits usw.), Johannisbeeren, Obstsäften und frischem Gemüse.

Zink hilft dem Körper, Infektionen abzuwehren. Es ist enthalten in Austern und anderen Schalentieren, Eigelb, Leber, Milchprodukten, rotem Fleisch, Vollkornprodukten.

Komplexe Kohlenhydrate liefern dem Körper Energie und fördern die Konzentration. Sie finden sich in Brot, Reis, Hülsenfrüchten, Hafer, Pasta und Kartoffeln.

Alkohol Die meisten von uns trinken gelegentlich ein Glas Wein oder Bier und dagegen ist im Prinzip nichts einzuwenden. Alkohol wirkt aber nicht nur beruhigend, sondern auch stark entwässernd. Ein Glas Wein zum Mittagessen kann daher dazu führen, dass Sie sich am Nachmittag müde fühlen, einige Drinks zu viel am Abend sind verantwortlich für ruhelosen Schlaf und Mattigkeit am folgenden Morgen.

Die Botschaft ist eindeutig – genießen Sie alles in Maßen. Ein bis zwei Gläser Wein zum Essen sind erlaubt. Wenn Sie abends ausgehen und etwas mehr trinken, sorgen Sie dafür, dass Sie vor dem Zubettgehen reichlich Wasser zu sich nehmen, das verhindert eine mögliche Dehydrierung.

Die Empfehlung der WHO lautet: Bei Frauen sind etwa 20 Gramm reiner Alkohol pro Tag unschädlich, das entspricht einem halben Liter Bier oder einem

Zeichen von Energiemangel

- Konzentrationsmangel
- Magenverstimmung
- Müdigkeit
- Niedriger Blutzucker
- Reizbarkeit
- Schlaflosigkeit
- Stimmungsschwankungen

fünftel Liter Wein. Männer vertragen doppelt so viel, weil sie mehr von dem Enzym Alkoholdehyrogenase produzieren, das im Magen Alkohol abbaut, bevor er in die Blutbahn gelangt.

Schlaf Wir Menschen brauchen den Schlaf, damit sich Körper und Geist regenerieren und wir am Morgen wieder frisch und gestärkt in den Tag starten können. Doch gibt es Menschen, für die die Schlafenszeit ein Albtraum ist, denn sie liegen fast die ganze Nacht wach, finden keinen Schlaf, sondern starren die Decke an oder wälzen sich unruhig im Bett herum – am nächsten Morgen können sie vor lauter Müdigkeit kaum aufstehen.

Gegen Schlaflosigkeit gibt es zahlreiche Mittel und Behandlungsmethoden, doch bevor Sie Ihren Arzt aufsuchen oder Schlafmittel nehmen, könnten Sie die folgenden Selbsthilfemethoden ausprobieren:

- Bewegen Sie sich am Tag ausreichend, damit Ihr Körper aktiv bleibt und nachts Erholung braucht.
- Machen Sie einige Entspannungsübungen, bevor Sie schlafen gehen.
- Ernähren Sie sich gesund und ausgewogen; damit unterstützen Sie Ihren Körper und Ihre Verdauung.
- Essen Sie fünf Stunden vor dem Schlafengehen das letzte Mal.
- Trinken Sie ab nachmittags keine aufputschenden Getränke mehr, etwa Kaffee oder Tee.
- Gehen Sie möglichst immer zur selben Zeit ins Bett.
- Schlafen Sie mit leicht geöffnetem Fenster.
- Sorgen Sie für eine gute, bequeme Matratze, ein angenehmes Kissen und atmungsaktive Bettwäsche.
- Nehmen Sie ein gutes Buch mit ins Bett.

Rauchen

Der Körper muss optimal mit Sauerstoff versorgt werden, um leistungsfähig zu bleiben. Rauchen behindert die Sauerstoffaufnahme. Jedes Mal, wenn Sie nach einer Zigarette greifen, um sich etwas Gutes zu tun, machen Sie genau das Gegenteil. Hören Sie also auf!

Was bringt die Energiekur?

Der Teufelskreis aus Müdigkeit, allgemeiner Mattigkeit und Antriebslosigkeit wird für manche Menschen zum Normalzustand. Doch das muss niemand für sich akzeptieren. Sie können sich aus dieser bedrückenden Situation befreien und:

- den Kreis der Müdigkeit durchbrechen,
- Ihre geistige Leistungsfähigkeit steigern,
- Ihre Ausdauer und Vitalität erhöhen,
- Ihr natürliches, gesundes Körpergewicht finden,
- sich leistungsfähiger und jünger fühlen,
- wieder federnden Schrittes gehen!

Ihre Freunde, Familienangehörigen, Kollegen und vor allem Sie selbst werden darüber staunen, wie energiegeladen und gesund Sie sich nach der 28-tägigen Energiekur fühlen werden.

Nährstoffe

Während der 28-tägigen Energiekur werden Sie lernen, welche Nahrungsmittel Ihr Energielevel verbessern und welche es beeinträchtigen.

Wenn Sie die Energielieferanten von den Nahrungsmitteln unterscheiden können, die Ihrem Körper Energie rauben, werden Sie die „Energieräuber“ durch die „Energielieferanten“ spielend leicht ersetzen können.

Der Körper ist auf Energiezufuhr angewiesen, damit:

- die Muskeln arbeiten können,
- er die Körpertemperatur aufrechterhalten kann,
- alle lebenswichtigen Körperfunktionen aufrechterhalten bleiben, darunter Atmung, Herzschlag und Stoffwechsel,
- Zell- und Muskelgewebe gebildet und repariert werden kann.

Die dafür nötige Energie bezieht Ihr Körper aus der Nahrung, die Sie ihm zuführen. Unsere Nahrung setzt sich im Wesentlichen aus Kohlenhydraten, Proteinen (Eiweiß) und Fetten zusammen.

Kohlenhydrate

Kohlenhydrate sind die Energielieferanten unseres Körpers. Beim Verdauungsprozess werden die Kohlenhydrate in Glucose umgewandelt, die dann über das Blut zu den Zellen transportiert wird. Glucose ist das Grundnahrungsmittel der meisten Körperzellen. In den Muskeln und in der Leber wird es als Glycogen eingelagert und, wenn der Körper Energie braucht, wieder in Glucose umgewandelt und freigesetzt.

Kohlenhydratreiche Lebensmittel:

- Buchweizen
- Cornflakes
- Frisches Obst
- Gemüse
- Haferflocken (Vollkorn)
- Hafergebäck
- Honig
- Hülsenfrüchte
- Kartoffeln
- Mais

- Maisgrieß
- Müsli (Vollkorn)
- Naturreis
- Pasta
- Pittabrot
- Reismehl
- Reiswaffeln
- Roggenbrot
- Rosinen
- Säfte
- Tortillas
- Vollkornbrot
- Vollkornmehl
- Zwieback

Proteine (Eiweiße)

Sie sind lebensnotwendig, denn sie spielen eine wesentliche Rolle bei der Bildung und Reparatur von Zellgewebe, Muskel- und Blutzellen. Wenn man zu viele Proteine aufnimmt, wird es in den Fettzellen eingelagert, um im Bedarfsfall zur Verfügung zu stehen.

Eiweißreiche Nahrungsmittel:

- Brot (Roggen, Weizen)
- Fisch (frisch, tiefgekühlt, aus der Dose)
- Fleisch (Schinken, Rind, Lamm, Schwein)
- Fleischprodukte (Burger, Wurst)
- Hartkäse
- Hühnchenbrust
- Hühnerei
- Kichererbsen, Linsen
- Leber
- Milchprodukte (Milch, Käse, Joghurt, Ziegenkäse)
- Nieren
- Nüsse
- Putenbrust
- Soja
- Sojabohnen

Fette

Unser Körper braucht Fette – es kommt aber auf die Art der Fette an. Gesättigte Fettsäuren sollten Sie meiden, sie stecken in tierischen Fetten. Pflanzliche Fette und Fette von Seefischen enthalten ungesättigte bzw. mehrfach ungesättigte Fettsäuren, die u. a. Nerven und Gehirn mit Energie versorgen, diese sind unbedingt vorzuziehen.

Ungesättigte Fettsäuren finden Sie in:

- Avocados
- Kürbis-, Sonnenblumenkernen
- Olivenöl & Rapsöl
- Schafsmilch
- Seefisch
- Sesamsamen
- Tunfisch in Öl, Aal

Ein Wort zu Zucker

Zucker verbrennt schnell. Viele Menschen puschen sich mit einem Schokoriegel, um ein Leistungstief am Nachmittag zu überbrücken. Durch die einfachen Kohlenhydrate steigt der Blutzuckerspiegel zwar kurzfristig an, um dann aber ebenso schnell wieder abzufallen. Schon hat man wieder Hunger.

Für raffinierten Zucker und künstliche Süßstoffe gibt es schmackhafte und gesündere Alternativen:

- Ahornsirup
- Fruchtzucker (Fructose)
- Honig
- Rohrzuckermelasse

Perfekte Energielieferanten

Es gibt also Nahrungsmittel, die die Energiebilanz des Körpers negativ beeinflussen und solche, die hervorragende Energielieferanten sind. Hier folgt nun eine Liste, die auf einen Blick zeigt, welche Nahrungsmittel Sie während der Energiekur vermeiden und welchen Sie den Vorzug geben sollten. Die Energiediebe sind Lebensmittel, die Ihnen nur einen kurzen Energiekick verschaffen, während die Energielieferanten die gesünderen und wertvolleren Alternativen darstellen.

Nahrungsmittel, die dem Körper Energie liefern und solche, die ihm Energie rauben

Energiediebe	Energielieferanten
Gesüßte Zerealien	Haferflocken, Müsli
Pasteten, Wurstwaren	Fisch, Geflügel, Lamm
Kekse, Schokolade	Bananen, Dörrobst
Kartoffelchips	Gebackene Kartoffeln
Salznüsse, Erdnussflips	Sesamsamen, unbehandelte Nüsse
Weißbrot	Vollkornbrot, Schwarzbrot
Limonaden	Saftschorle
Weizenkeimöl	Natives Olivenöl
Margarine	Butter/ Halbfettmargarine
Orangensaft (abgepackt)	Selbst gemachter Apfel-/Traubensaft
Kaffee, Tee	Wasser, frisch gepresster Obst-/Gemüsesaft, Kräutertee
Kuhmilch	Sojamilch
Käse aus Kuhmilch	Ziegen- und Schafskäse
Rinder- oder Schweinefleisch	Mageres Lamm, Lammleber

Energielieferanten zum Essen

Während der 28-Tage-Kur dürfen Sie alles essen, was Ihren Körper optimal mit Energie versorgt:

- Frühstücken Sie immer.
- Reduzieren Sie den Konsum von Kaffee, Schokolade und raffiniertem Zucker; idealerweise völlig.
- Vermeiden Sie, lange Zeit nichts zu essen; nehmen Sie häufig kleine Zwischenmahlzeiten ein.
- Viele kleine Portionen über den Tag verteilt belasten den Verdauungsapparat weit weniger und sorgen dafür, dass die Kalorien effizienter verbrannt werden.
- Haben Sie ein Leistungstief, erhöhen Sie den Proteinanteil in Ihrer Ernährung. Proteinhaltige Nahrungsmittel machen länger satt als kohlenhydrathaltige.

Der Einkaufszettel

Vielleicht fällt es Ihnen am Anfang nicht ganz leicht, beim Einkauf zu entscheiden, welche Lebensmittel nun gute Energielieferanten sind und welche Ihrem Körper Energie entziehen, obwohl sie lecker aussehen.

Hier finden Sie zwei Listen voller Lebensmittel, die Sie bei der Energiekur unbedenklich essen können.

Frisches Obst

Obst ist der wichtigste Vitamin-C-Lieferant und enthält außerdem viele wertvolle Ballaststoffe. Essen Sie zwei- bis dreimal täglich frisches Obst.

- Ananas
- Äpfel
- Aprikosen
- Bananen
- Birnen
- Brombeeren
- Erdbeeren
- Feigen
- Grapefruit
- Heidelbeeren
- Himbeeren
- Kirschen
- Kiwis
- Limonen
- Mangos
- Melonen
- Nektarinen
- Papaya
- Passionsfrucht
- Pfirsiche
- Schwarze Johannisbeeren
- Trauben
- Zitronen

Gemüse

Gemüse gehören zu den wertvollsten Nahrungsmitteln. Sie sind reich an Ballaststoffen, Vitaminen und Mineralien. Drei Portionen Gemüse pro Tag sind ideal.

- Artischocken
- Auberginen
- Avocados
- Bambussprossen
- Blumenkohl
- Bohnensprossen
- Brokkoli
- Brunnenkresse
- Chicorée
- Eierkürbisse
- Endivien
- Fenchel
- Frühlingszwiebeln
- Karotten
- Knoblauch
- Knollensellerie
- Kohl (dunkelgrüne Sorten sind vorzuziehen)
- Kohlrüben
- Kresse
- Lauch, Porree
- Paprika
- Pilze
- Rosenkohl
- Rote Bete
- Salat (dunkelgrüne Sorten sind vorzuziehen)
- Schalotten
- Schnittlauch
- Senf
- Spargel
- Spinat
- Steckrüben
- Tomaten
- Zucchini
- Zuckererbsen
- Zwiebeln

Nahrungsergänzungspräparate

Auch die 28-tägige Energiekur ist keine Diät; es werden keine Kalorien gezählt. Sie ernähren sich während der Kur einfach gesund und folgen diszipliniert dem Bewegungs- und Fitnessprogramm.

Es kann nicht schaden, wenn Sie begleitend zur Energiekur ein Multivitaminpräparat einnehmen. Nahrungsergänzungen, die Mineralien, Vitamine und andere Nährstoffe enthalten, sind ideale Nährstofflieferanten.

Bestimmte Vitamine und Mineralien sind essentiell und unverzichtbar, um den menschlichen Körper gesund und fit zu erhalten. Nahrungsmittel, die besonders reich an diesen Nährstoffen sind, finden Sie auf der Liste von Seite 41. Bedenken Sie, dass beim Kochen Nährstoffe verloren gehen. Essen Sie Obst und Gemüse daher wenn möglich roh oder nur leicht gedünstet.

Aloe vera

Aloe-vera-Saft enthält viele wertvolle Inhaltsstoffe wie Aminosäuren, Spurenelemente und Mineralien. Er fördert die Verdauung und das Wohlbefinden. Trinken Sie ihn täglich vor dem Frühstück mit Fruchtsaft gemischt.

Fastfood

Vielen Menschen kommt es beim Essen darauf an, dass es schnell und bequem ist. Man spricht bereits von einer Fastfoodgeneration, die sich von Burgern, Pizza und Pommes frites ernährt, die voll gestopft sind mit künstlichen Farb- und Aromastoffen.

Es ist nichts dagegen einzuwenden, mal einen Hamburger zu essen oder sich ein Tiefkühlgericht warm zu machen, doch wer sich nur so ernährt, dem werden bald wichtige Nährstoffe fehlen. Außerdem enthält Fastfood sehr viele Kalorien, Natrium und Fett.

Wenn Sie nicht ohne Burger leben können, dann genehmigen Sie sich höchstens einen als besonderes Highlight am Wochenende, aber:

- wählen Sie den einfachsten Hamburger,
- Schmelzkäse, Mayonnaise und andere fetthaltige Einlagen rausnehmen und nicht mitessen,
- trinken Sie Milch statt eines Milkshakes,
- bestellen Sie Salat statt der Pommes frites.

Streichen Sie diese Produkte aus dem Speiseplan

Vermeiden Sie die folgenden Nahrungsmittel. Sie sorgen für einen schnellen Energiekick, doch dann kommt bald eine Heißhungerattacke.

- Diätgetränke
- Diätische Nahrungsmittel
- Eiscreme
- Erdnüsse
- Fettreduzierte Nahrungsmittel mit Zusatzstoffen
- Gehärtete Fette
- Gezuckerte Zerealien
- Käse – koloriert, geräuchert
- Kohlensaurehaltige Getränke
- Kuhmilch – nur sparsam trinken
- Rindfleisch (es sei denn aus ökologischer Tierhaltung)
- Salzige Speisen
- Schokolade
- Schweinefleisch (es sei denn aus ökologischer Tierhaltung)
- Streichfette (Margarine, Butter usw.)
- Weißmehl (raffiniert)
- Weizenmehlprodukte (Baguette, Brötchen usw.)
- Zucker

Nährstoffe	Gut für	Besonders enthalten in
Eisen	Blutbildung	Blattgemüsen, Eigelb, rotem Fleisch, Sardinen
Zink	Allgemeine Gesundheit und das Immunsystem	Erdnüssen, Fisch, Getreiden, Nüssen, rotem Fleisch
Magnesium	Knochenbildung	Grünen Gemüsen, Nüssen, Vollkornprodukten
B-Vitamine	Wichtig für die Nährstoffaufnahme	Brokkoli, Hefe, Nüssen, Vollkornbrot
Vitamin C	Gesundheit von Zahnfleisch und Zähnen	Kiwis, Orangen, Tomaten
Vitamin E	Wirkt gegen freie Radikale, die die Zellen schädigen	Grünen Gemüsen, Nüssen, Pflanzenöl

Energielieferanten zum Trinken

Kippen Sie morgens auch schnell eine Tasse Kaffee runter, bevor Sie zum Job eilen oder die Kinder für die Schule fertig machen? Noch am Vormittag brauchen Sie den nächsten Kaffee und auch mittags gibt's Kaffee statt einer Mahlzeit?

Wenn es Ihnen so oder so ähnlich geht, dann sind Sie bei weitem nicht der Einzige. Sicherlich 80 Prozent der Europäer wühlen sich morgens müde aus dem Bett und nippen nur kurz an einer Tasse Kaffee, bevor sie zur Arbeit hetzen. Und natürlich erleben sie schon am Vormittag ihr erstes Leistungstief und sind verzweifelt auf der Suche nach etwas, das ihnen hilft durchzuhalten. Gegen eine Tasse Kaffee ist nichts zu sagen, doch wenn Sie pro Tag mehr als sechs Tassen trinken, könnte man schon von Koffeinabhängigkeit sprechen. Versuchen Sie in diesem Fall Ihren Kaffeekonsum zu reduzieren und auf Kräutertee umzusteigen.

Was und wie viel trinken?

Es ist ausgesprochen wichtig, dass Sie den Flüssigkeitshaushalt Ihres Körpers im Gleichgewicht halten. Erwachsene sollten täglich 2–2,5 Liter trinken, davon 1,75 Liter Wasser. So werden Schadstoffe aus dem Körper geschwemmt und Sie bleiben in Topform.

Ein Glas warmes Wasser mit einem Spritzer Zitronen- oder Limonensaft am Morgen erfrischt nicht nur den Mund, sondern den ganzen Organismus für einen guten Start in den Tag. Auch wenn viele Menschen auf Limonade oder Kaffee am Morgen bestehen, ändert das nichts an der Tatsache, dass beides ungesund ist und auf die Dauer nicht munter macht.

Eigentlich dürfen Sie während der 28-tägigen Energiekur alles zu sich nehmen, solange es sich im moderaten Bereich bewegt, dennoch sollten Sie um einige Getränke einen großen Bogen machen.

Isotonische Getränke

Natürlich können Sie ein isotonisches Getränk für Sportler in jedem Supermarkt kaufen. Sie enthalten Mineralsalze und Nährstoffe, die der Körper verliert, wenn man stark schwitzt. Viel preiswerter und genauso effektiv ist ein selbst gemachter Erfrischungsdrink gemischt aus Fruchtsaft und Wasser im Verhältnis 1:1.

Unbedingt trinken	Unbedingt meiden
Frische Gemüsesäfte	Alkohol
Frischgepresste Obstsäfte	Kaffee
Kräutertees	Süße Limonaden, Cola
Milch	
Wasser	

Mixen Sie sich Ihre eigenen Energiedrinks

Auch für Getränke gilt: Frisch ist am besten! Warum also viel Geld für einen abgepackten Direktsaft ausgeben, wenn man sich zu Hause für weniger als die Hälfte einen frischen Saft selber machen kann. Außerdem wissen Sie so genau, dass Ihr Saft nur die besten Zutaten enthält!

Sowohl Obst- als auch Gemüsesäfte sind reich an natürlichen Nährstoffen. Für Ihre Gesundheit können Sie kaum etwas Besseres tun, als sie zu trinken. Probieren Sie es aus und Sie werden sich körperlich bald besser fühlen: Ihre Haut wird rein, Ihre Augen werden klar und Ihr Haar glänzt. Wer frische Säfte trinkt, kann sicher sein, dass sein Körper alle Vitamine, Mineralien und Enzyme bekommt, die er braucht. Wenn Sie an manchen Tagen keine Lust haben, rohes Gemüse oder Obst zu sich zu nehmen, dann können Sie genauso gut einen frisch gemachten Saft trinken und sind mit Nährstoffen versorgt.

Drinks für jede Tageszeit

Apfelsaft total

Zwei mittelgroße Äpfel in Stücke schneiden und in den Mixer geben. Sie müssen weder die Schale noch das Kerngehäuse und die Kerne entfernen.

Erdbeersaft

Waschen Sie eine Hand voll Erdbeeren (etwa 300 g) und entfernen Sie die Blüten und die Stiele, bevor Sie die Beeren in den Mixer geben. Einige Sekunden mixen und fertig ist ein köstlicher Sommerdrink.

Energiecocktail

1 Banane
1 Mango
1 TL Honig
½ mittelgroße Ananas

Dieser selbst gemixte Cocktail macht Sie wieder munter! Banane, Mango und Ananas schälen und das Fruchtfleisch mit dem Honig in den Mixer geben. Innerhalb von wenigen Minuten können Sie sich so einen gesunden Cocktail mixen.

Rote-Bete-Powerdrink

Wenn Sie Ihre Vitamine lieber trinken, dann ist Rote Bete ein prima Tipp. Aus dieser wahren Vitamin- und Mineralienbombe können Sie einen pikanten Saft machen, der mit Gurke zum Hit wird.

110 g Rote Bete (roh)
280 g Gurke

Rote Bete gründlich putzen und waschen. Wurzeln entfernen, in Stücke schneiden und in den Mixer geben. Gurke nicht schälen, sondern nur waschen, in Stücke schneiden und mit der Roten Bete im Mixer zerkleinern. Fertig!

Hätten Sie's gewusst?

Ein großes Glas Cola (330 ml) enthält nicht weniger als sieben Teelöffel Zucker!

Hätten Sie's gewusst?

Koffein stimuliert das Gehirn und hält einen wach, doch zu viel davon, d.h. mehr als acht Tassen Kaffee pro Tag, erhöht das Risiko, im Alter an Osteoporose zu erkranken. Bei Menschen, die dazu neigen, kann es Migräne auslösen und außerdem süchtig machen.

Hätten Sie's gewusst?

Alkohol im Übermaß genossen zerstört die wertvollen Vitamine A, C und E, die wichtig sind für das allgemeine Wohlbefinden und die Vitalität.

Muntermacher

4 Orangen
1 Zitrone
1 TL Honig
Eiswürfel

Den Saft der Orangen und der Zitrone in einem Glas mischen, Honig dazugeben und mit ein paar Eiswürfeln servieren. Ein wunderbarer Muntermacher mit extra viel Vitamin C.

Bananen-Orangen-Shake

2 Bananen, in Stücken
4 Orangen, geschält und in Stücken
1 Becher fettarmer Naturjoghurt

Bananenstückchen, Orangenstückchen und den Magerjoghurt in einen Mixer geben. Wenn die Masse zum Püree verrührt ist, servieren.

Power-Rezepte

Das Tolle an der Energiekur ist, dass Sie aus einer Vielzahl an gesunden Nahrungsmitteln wählen können. Diese sorgen dafür, dass Sie sich gut fühlen und voller Kraft und Energie durch den Tag gehen. Sie werden erstaunt sein, wie sehr die Änderung Ihrer Essgewohnheiten Ihr Wohlbefinden steigern wird.

Essen Sie keine Riesenportionen – regelmäßig über den Tag verteilte kleinere Mahlzeiten helfen Ihrem Körper, sein Energieniveau optimal aufrechtzuerhalten. Ernährungswissenschaftler empfehlen folgende Zusammensetzung unserer täglichen Ernährung: 55–60 Prozent Kohlenhydrate, 15–20 Prozent Eiweiß (ideal sind pflanzliche Eiweiße) und 30 Prozent Fett (ideal sind ungesättigte Fettsäuren).

Frühstücksrezepte

Zwischen dem Abendbrot und dem Frühstück am nächsten Morgen liegt eine lange Phase ohne Nahrungsaufnahme. Doch während der etwa acht Stunden Schlaf arbeitet unser Körper – Zellen werden repariert, Herz und Organe sind aktiv –, dazu verbraucht er Glucose aus dem Blut, der Leber und den Muskeln. Es ist also kein Wunder, dass er bei Sonnenaufgang, wenn die Glucose zu 50 Prozent verbraucht ist, wieder mit Nährstoffen versorgt werden muss. Deshalb ist das Frühstück so wichtig.

Wenn Sie das Frühstück ausfallen lassen, um noch weitere 20 Minuten im Bett bleiben zu können, dann werden die ersten Stunden zwar noch gut laufen, doch bald wird Ihr Blutzuckerpegel sinken. Nun wird Ihre Konzentration abnehmen, Sie werden müde und reizbar und noch vor 10 Uhr werden Sie den dritten Schokokeks oder die fünfte Tasse Kaffee getrunken haben, um durchzuhalten.

Doch ab heute wird das anders! Sorgen Sie ab sofort dafür, dass es ein gutes Frühstück gibt. Sie könnten es übrigens schon am Abend vorbereiten.

Frühstücken Sie immer!

- Das Frühstück ist die wichtigste Mahlzeit de Tages, denn es versorgt den Körper nach einer langen Pause mit Nährstoffen.
- Es wird Ihnen dabei helfen, auf eine süße Zwischenmahlzeit am Vormittag zu verzichten.
- Es sorgt für einen ausgeglichenen Zuckerspiegel.
- Wissenschaftliche Studien haben ergeben, dass Erwachsene, die ein ausgewogenes Frühstück eingenommen haben, geistig fitter sind – den ganzen Tag über.

Das perfekte Frühstück Essen Sie keine Frühstücksleckereien, die viel Zucker enthalten, wie etwa Donuts oder gezuckerte Zerealien. Der kurzfristige Energiekick durch sie ist schnell vorüber.

Das ideale Frühstück enthält Kohlenhydrate, Ballaststoffe und Proteine, die den Blutzuckerspiegel konstant halten. Hier ein paar Beispiele:

- Apfelstückchen in ungesüßtem Joghurt mit gemahlenen Sesamsamen garniert
- Rührei auf Roggentoast
- Bananenstückchen in Magerjoghurt mit Müsli ohne Zuckerzusatz
- Joghurt mit Weizenkeimen und Honig; obendrauf kommen getrocknete Aprikosenstückchen
- Getoastete Bagel mit Hüttenkäse
- Einen Muffin mit etwas fettarmem Käse leicht anbräunen und dazu ein Glas frisch gepressten Orangensaft
- Eine große Portion besonders ballaststoffreicher Zerealien, dazu Sultaninen oder Himbeeren mit Magermilch; ein schnelles und nahrhaftes Frühstück.

Flüssiges Frühstück

Gehören Sie zu den Menschen, die morgens keine feste Nahrung zu sich nehmen wollen? Dann finden Sie hier eine Auswahl an gesunden flüssigen Alternativen.

Guten-Morgen-Drink

150 ml entrahmte Milch
1 TL flüssiger Honig
1 Banane, in Stücken
150 g Naturjoghurt
100 g tiefgekühlte Waldbeeren

Alle Zutaten in einen Mixer geben, und Sie erhalten einen hochprozentigen Proteindrink, der Ihnen Energie für einen perfekten Start in den Tag liefert.

Bananen-Power-Cocktail

1 Banane, in Stückchen
2 TL Zitronensaft
1 EL feine Haferflocken
2 TL flüssiger Honig
3 EL Naturjoghurt
150 ml teilentrahmte Milch

Alles mixen und zum Frühstück genießen.

Kräuter- und Früchtetees

Sie glauben, dass nur Kaffee und schwarzer Tee Sie morgens munter machen? Versuchen Sie es doch mal mit den folgenden Alternativen! Sie werden sehen: Das Vormittagstief war gestern! Kräuter- und Früchtetees überraschen nicht nur mit ihrer großen Geschmacksvielfalt, sondern sind sehr gesund und unterstützen Ihr Wohlbefinden:

Kamillentee hilft bei Verdauungsproblemen und beruhigt die Nerven. Außerdem hilft er bei Schlaflosigkeit.

Zitronenbalsam wirkt beruhigend, ohne müde zu machen, und unterstützt die Verdauung.

Lindenblütentee hilft gegen stressbedingte Kopfschmerzen und unterstützt den Schlaf.

Rosmarin Wenn Sie morgens etwas brauchen, das Sie auf Vordermann bringt, dann versuchen Sie es mal mit Rosmarintee. Er macht munter und weckt die Lebensgeister.

Thymiantee trinken und Ihre Stimmung wird garantiert steigen.

Rezepte für Mittagsmahlzeiten

Mit dem richtigen Mittagessen kommen Sie gut gelaunt und ohne Durchhänger durch den Tag. Wenn Sie ausschließlich Energielieferanten als Zutaten wählen, klappt es garantiert. Hier finden Sie einige besonders schmackhafte Rezepte.

Ofenkartoffeln Lange hielt man die Kartoffel für ein minderwertiges Lebensmittel, doch das hat sich gründlich geändert. Es ist nämlich nicht das Gemüse, das oft ungesund ist, sondern seine Zubereitung. Die kohlenhydratreiche Kartoffel enthält neben Proteinen, Ballaststoffen und Vitamin C viele wertvolle Nährstoffe. Am gesündesten ist sie als Ofenkartoffel.

Waschen Sie eine große Kartoffel gründlich und stechen Sie die Schale mit einem Spieß ein, bevor Sie sie in die Mikrowelle geben (beachten Sie die Garzeit in der Herstellerangabe). Im Backofen etwa 90 Minuten bei 200 °C (Gas Stufe 6) garen.

Verschiedene Füllungen:

- 50 g Garnelen, 50 g Zuckermais, 1 EL Salatdressing und 1 EL Tomatenketchup
- 50 g gekochtes Hühnchen mariniert mit 1 EL Magerjoghurt, roten und grünen Paprikawürfeln und 1 EL Salatdressing
- 110 g gebackene Bohnen aus der Dose und ¼ TL Chilipulver
- 200 g Spaghetti in Tomatensauce und 2 Tomaten
- gemischte Pilze, gebraten in etwas nativem Olivenöl
- 100 g mageren Hüttenkäse mit 2 EL Magerjoghurt, 1 TL gehacktem Knoblauch und 1 TL getrockneten Kräutern verrühren

Krautsalat à la maison

Diese Zutaten reichen für vier Portionen. Sie können, was übrig bleibt, im Kühlschrank aufbewahren.

1 Karotte
3 Gemüsezwiebeln
2 Radieschen
1 Stange Staudensellerie
1 knackiger Salatkopf
1 Paprika (rot, grün oder gelb)
Sojasauce

1 EL Apfelessig
Kräutersalz
Schwarzer Pfeffer

Alle Gemüse waschen, schälen und fein reiben. Nun etwas Sojasauce, den Apfelessig dazugeben und mit Salz und Pfeffer abschmecken. Alles gut vermischen. Die Ofenkartoffel, sobald sie gar ist, in der Mitte aufschlitzen und mit dem Krautsalat füllen. Diese Mahlzeit ist gesund, nährstoffreich und macht satt.

Sandwiches

Manchmal hat man mittags viel mehr Appetit auf ein Sandwich als auf ein warmes Essen, außerdem sind sie fast an jeder Ecke zu bekommen. Natürlich ist ein selbst gemachtes Sandwich einem Sandwich aus dem Supermarkt vorzuziehen, doch die Hauptsache sind die richtigen Zutaten. Machen Sie Ihr Sandwich für den nächsten Tag also jeden Abend selbst, dann haben Sie morgens keine Ausrede, dass die Zeit zu knapp sei. Wenn Sie das Sandwich in Folie im Kühlschrank aufbewahren, bleibt es frisch.

Köstliche und gesunde Vorschläge für ein energetisches Mittagessen

- 2 Scheiben Vollkornbrot mit Tunfisch und Salat
- Pittabrot gefüllt mit gebackenen Bohnen
- Pittabrot mit Avocado und Tomate

Variieren Sie die Vorschläge und lassen Sie sich zu eigenen Kreationen inspirieren.

Deftiges Bananenbrot Zerdrücken Sie eine Banane und geben Sie einige Spritzer Zitronensaft und knusprig gebratene Schinkenstückchen dazu. Zwischen zwei Scheiben Vollkornbrot streichen.

Fisch-Vollkornsandwich Sardinen oder Makrelen aus der Dose abtropfen lassen und zerdrücken. Zwischen zwei Scheiben Vollkornbrot streichen und mit einigen Scheiben Tomate und Salat servieren.

Hühnchenbrotaufstrich Falls vom Abendbrot ein wenig Hühnchen übrig geblieben ist, können Sie es folgendermaßen verwerten:

Hähnchenreste klein schneiden und mit einem Magerjoghurt und ein wenig gehackter Frühlingszwiebel mischen. Einige knackige Salatblätter auf zwei Scheiben Vollkornbrot legen und zum Schluss mit dem Hühnchenbrotaufstrich bestreichen.

Köstliches Pittabrot Sie brauchen 1 Pittabrot, ½ reife Avocado, 1 gehackte Frühlingszwiebel, 2 Salatblätter, 2 EL Alfalfasprossen, 1 Tomate, in Scheiben geschnitten, 1 TL Vinaigrette, Cayennepfeffer und Zitronensaft.

Avocado und Frühlingszwiebel in einer Schale verrühren. Vinaigrette und eine Prise Cayennepfeffer dazugeben. Alles gut verrühren und auf ein Pittabrot streichen, anschließend Salatblätter, Alfalfasprossen und Tomatenscheiben darauflegen. Mit einem Spritzer Zitronensaft und einer Extraprise Cayennepfeffer servieren.

Gemüsefantasie

Dieses einfach zuzubereitende Gemüsegericht ergibt ein perfektes leichtes Mittagessen, es ist aber auch als schmackhafte Beilage geeignet.

Kleine Brokkoliröschen
2 Karotten
1 Stange Lauch
1 Zucchini
Sojasauce
110 g Mozzarella, in Scheiben geschnitten

Gemüse gründlich waschen und in kleine Stückchen schneiden (wenn die Brokkolistiele zart sind, können sie ebenfalls verwendet werden). Gemüse in Wasser zum Kochen bringen. Abtropfen lassen und in eine ofenfeste Form geben. Mit Sojasauce würzen, mit den Mozzarellascheiben bedecken und alles unter dem Grill rösten, bis der Käse goldbraun ist.

Rezepte fürs Abendessen

Hähnchenburger

225 g Hähnchen, gekocht und zerkleinert
50 g Zwiebel, gehackt
275 g Hüttenkäse
1 TL gemischte Kräuter
Salz
Schwarzer Pfeffer

Hähnchenhack mit Zwiebeln in einer Schale mischen und mit Salz und Pfeffer würzen. Hüttenkäse und Kräuter zugeben und ebenfalls gründlich mischen. Die Mischung zu vier runden Burgern formen und für 1–2 Stunden in den Kühlschrank stellen. Anschließend im vorgeheizten Backofen etwa 5 Minuten von beiden Seiten grillen, bis sie goldbraun sind. Dazu passt gemischter Salat.

Schnelles Curry

Das Rezept reicht für vier Portionen.

85 g Sojafleisch (Trockeneinwaage)
400 g Tomaten aus der Dose
1 mittelgroßer Apfel, gehackt
2 TL Mixed Pickles
1 TL Tomatenmark
1 mittelgroße Zwiebel, gehackt
1 Lorbeerblatt
1 EL Currypulver

Schale mit zwei Tassen kochendem Wasser füllen und das Sojafleisch etwa 10 Minuten darin ziehen lassen. Anschließend alle Zutaten mit dem Sojafleisch in einen Kochtopf geben und 1 Stunde unter gelegentlichem Umrühren sieden. Wenn das Curry leicht flüssig erscheint, den Deckel vom Topf nehmen und die Temperatur leicht erhöhen, bis das Curry langsam eindickt. Mit Naturreis serviert erhalten Sie ein köstliches Abendessen, das auch Ihren Gästen schmeckt.

Gebratener Reis mit Ei

1 kleine Zwiebel, in Scheiben geschnitten
1 großer Champignon, in Scheiben geschnitten
1 EL natives Olivenöl
¼ TL Paprikapulver
¼ TL Currypulver
1 EL getrocknete Kräuter
2 große, hart gekochte Eier
½ kleine, rote Paprika
100 g gekochter Naturreis
50 g gekochte, grüne Erbsen
Sojasauce
Salat

Zwiebel- und Champignonscheiben 2 Minuten in Olivenöl braten. Anschließend Paprika- und Currypulver sowie Kräuter einrühren. Eier schälen und in Würfel schneiden. Paprika entkernen und in Stückchen schneiden. Paprika, Reis, Erbsen und Sojasauce in die Pfanne geben und vorsichtig erhitzen.

Vor dem Servieren die Eierwürfel unterheben und auf Salatblättern anrichten.

Köstliche Nachspeisen

Süße Sachen müssen keine Kalorienbomben sein. Es gibt Leckereien, die gute und durchaus gesunde Energielieferanten sind. Hier finden Sie einige Beispiele.

Traubensalat auf Melone

Fleisch einer halben Melone mit einem Löffel auslösen und in eine Schale geben. Eine Hand voll kernlose Trauben halbieren, über das Melonenfleisch geben und mit Minzeblättchen garnieren.

Melonenbombe

Fleisch einer halben Melone mit einem Löffel auslösen, in eine Schale geben und mit einem Becher Naturjoghurt mischen. Vor dem Servieren kühl stellen.

Diese Desserts mag die ganze Familie. Die folgenden Rezepte reichen daher für vier Portionen.

Mandarinengelee

300 g Mandarinen aus der Dose mit Saft
450 ml Orangensaft ohne Zuckerzusatz
1 Päckchen Gelatine
Erdbeeren zum Dekorieren

Mandarinensaft abgießen und mit Orangensaft mischen. Die Hälfte in eine Schale füllen, Gelatine unterrühren und in einen Kochtopf umfüllen. Bei geringer Hitze vorsichtig erwärmen, bis sich die Gelatine aufgelöst hat. Den restlichen Fruchtsaft langsam einrühren. Dann vom Herd nehmen, in eine Schale umfüllen, abkühlen lassen und die Mandarinenstückchen zufügen. Abgedeckt in den Kühlschrank stellen, bis das Gelee steif geworden ist. Mit Erdbeeren dekorieren.

Ananas-Joghurt-Traum

400 g Ananasstückchen aus der Dose
1 Päckchen Zitronenpudding (600 ml; Diätprodukt)
150 g Magermilchjoghurt

Ananassaft abgießen und aufbewahren. Zitronenpudding gemäß Packungsangaben zubereiten und dafür den Ananassaft verwenden. Ananasstückchen in den fertigen Pudding einrühren und im Kühlschrank steif werden lassen. Mit der Gabel aus dem fest gewordenen Pudding Stückchen herausbrechen und in den Joghurt einrühren. Schmeckt gut zu Obst.

Gegen den kleinen Hunger zwischendurch hilft

- 1 Apfel
- 1 Banane
- 1 Karotte
- 1 Hand voll Kirschen
- 1 Becher Magerjoghurt
- 1 Orange
- 1 kleine Hand voll Trockenobst
- 1 Hand voll Weintrauben

Energie aufladen

Damit Sie sich nach der Energiekur um Jahre jünger und springlebendig fühlen, ist es wichtig, dass Sie die hier aufgeführten Elemente in Ihr 28-Tage-Programm mit einbeziehen.

Energieduschbad

Es gibt nichts Besseres als ein Energieduschbad am Morgen, um den Kreislauf in Schwung zu bringen. Also springen Sie als Erstes unter die Dusche. Kurz vor Schluss drehen Sie dann einfach das kalte Wasser auf und bleiben einige Minuten darunter stehen.

„Schlagen" Sie sich nach der Dusche ein wenig. Benutzen Sie dazu Ihre flachen Hände und arbeiten Sie sich von den Zehen hinauf zur Hüfte und von den Fingern bis zu den Schultern. Dann ist der Rumpf dran. Nun dürfen Sie sich abtrocknen.

Stretching

Schmerzen können durch Stretching verschwinden. Probieren Sie's! Führen Sie die Übungen langsam aus.

1 Verschränken Sie Ihre Finger mit gestreckten Armen über dem Kopf und bringen Sie Ihren Oberkörper in die Dehnung.

2 Ebenfalls mit verschränkten Fingern strecken Sie Ihre Arme nach vorne aus, um Ihren Rücken zu dehnen.

3 Zur Brustdehnung halten Sie mit verschränkten Fingern die Arme hinter Ihrem Rücken und ziehen sie nach oben.

4 Lassen Sie Ihr linkes Ohr auf Ihre linke Schulter fallen, dehnen Sie Ihre rechte Nacken- und Schultermuskulatur. Das Ganze rechts wiederholen.

5 Um den hinteren Nacken zu dehnen, lassen Sie Ihr Kinn auf die Brust fallen.

Sport und Bewegung

Energie tanken durch Bewegung, so lautet die Zauberformel. Schreiben Sie sich diesen Satz auf ein Stück Papier und hängen Sie es gut sichtbar in Ihr Badezimmer. Immer wenn Sie Gefahr laufen, träge zu werden, wird dieser Spruch helfen, Sie zu motivieren.

Wenn Sie abgesehen vom Shoppengehen seit Ihrer Schulzeit keinen Sport mehr gemacht haben, sind Sie wahrscheinlich ein Sportmuffel. Doch längst wissen die Gesundheitsexperten, dass körperliche Aktivitäten uns geistig und physisch fit halten. Durch körperliche Anstrengung werden Endorphine freigesetzt und diese Hormone sorgen dafür, dass wir Menschen uns großartig fühlen, wenn wir Sport machen.

Sport hat zahlreiche positive Effekte:

- Sie bekommen mehr Ausdauer.
- Sie verbessern Ihre Körperhaltung.

Gesundheits-Check

- Vergewissern Sie sich, dass Sie nicht schwanger sind, bevor Sie ein Sportprogramm aufnehmen. Fragen Sie Ihren Arzt, ob er medizinische Bedenken hat.
- Wärmen Sie sich vor jeder Trainingseinheit auf und machen Sie danach ein Cooldown.
- Erhöhen Sie niemals die Intensität oder die Länge einer Übung, wenn Sie sich dabei körperlich unwohl fühlen.
- Nehmen Sie während des Trainings ausreichend Flüssigkeit zu sich.

Hätten Sie's gewusst?

Die ideale Zeit für Sport ist zwischen 16 und 19 Uhr. Studien haben ergeben, dass sowohl unsere Körpertemperatur als auch der Muskeltonus und die Muskelkraft jetzt ihren maximalen Höhepunkt erreicht haben.

• Er unterstützt den Schlaf und ist entspannend.
• Er hilft Ihnen dabei, den alltäglichen Stress besser zu bewältigen.

Wenn Sie lange keinen Sport mehr gemacht haben, dann gehen Sie es langsam an. Überanstrengen Sie sich nicht: Beginnen Sie mit kleinen Einheiten und bauen Sie diese allmählich auf. Nach der Energiekur werden Sie regelmäßigen Sport machen wollen.

Machen Sie am ersten Tag nur ganz gemäßigt Sport: Gehen Sie zu Fuß zum Einkaufen, statt mit dem Auto oder dem Bus zu fahren. Gehen Sie schwimmen oder schließen Sie sich einer Gymnastikgruppe an. Wenn sich Ihre Ausdauer verbessert hat, können Sie Ihr Sportpensum erhöhen und so lange trainieren, bis Sie sich körperlich erschöpft fühlen. Als Faustregel gilt: Betreiben Sie dreimal wöchentlich eine Sportart, die Ihnen Spaß macht, jedoch nie bis zur totalen Erschöpfung. Hier ein paar Vorschläge:

Jogging, Tennis, Fahrradfahren, Trampolinspringen sind ideale Ausdauersportarten. Sie kurbeln den Kreislauf an und sollten dreimal pro Woche jeweils 20 Minuten lang ausgeübt werden.

Trampolin Springen und Joggen auf dem Trampolin ist echter Ausdauersport. Der Puls steigt ebenso wie die Lungenkapazität, ohne die Gelenke des Bewegungsapparats zu belasten. Es gibt günstige Mini-Trampoline, die Sie in der Wohnung und bei gutem Wetter im Garten aufstellen können. Oder Sie springen im Fitnessstudio.

Walking, Schwimmen, Frühjahrsputz oder Gartenarbeit Das alles verschaft Ihnen Bewegung. Egal welche Sportart Sie bevorzugen, das wichtigste ist, sie regelmäßig zu betreiben, damit sie effektiv ist. Wie so oft im Leben, bekommen Sie nur, was Sie geben.

Ihr Programm für jeden Tag

• Nehmen Sie ein Energieduschbad.
• Beginnen Sie den Tag mit einigen Stretchingübungen.
• Machen Sie 30 Minuten Sport.
• Praktizieren Sie 20 Minuten lang absolute Ruhe.
• Atmen Sie fünf Minuten lang ganz bewusst.
• Begeben Sie sich zehn Minuten auf eine Traumreise.
• Verwöhnen Sie sich täglich.
• Lachen Sie von ganzem Herzen.
• Sorgen Sie dafür, dass Sie in der Nacht gut schlafen können.

Energie zurückführen

Es ist verblüffend, doch Sie brauchen tatsächlich nicht mehr als 20 Minuten, um Ihre Energiereserven wieder vollständig aufzutanken.

Absolute Ruhe

Suchen Sie einen Ort auf, an dem Sie sich entspannen können und klinken Sie sich für 20 Minuten aus.

Machen Sie es sich bequem und lauschen Sie Ihrer Lieblingsmusik, nehmen Sie ein Bad bei Kerzenschein oder schließen Sie die Augen und stellen Sie sich vor, Sie wären mit dem Mann Ihrer Träume auf einer Segeljacht in der Karibik – 20 Minuten lang!

Atemübung

Es gibt fast nichts, was so entspannend und erfrischend ist, wie fünf Minuten tiefes, bewusstes Ein- und Ausatmen. Die bewusste Tiefenatmung hilft auch ausgezeichnet dabei, Stress abzubauen.

1 Setzen Sie sich an einen ruhigen Ort.

2 Öffnen Sie den Bund und den Gürtel, falls Sie eine Hose oder einen Rock tragen, damit sich Ihre Bauchdecke ungehindert ausdehnen kann.

3 Schließen Sie die Augen und atmen Sie nun langsam durch die Nase ein, halten Sie die Luft an und zählen Sie bis fünf, um dann ebenso langsam durch den Mund wieder auszuatmen.

4 Wiederholen Sie das mehrmals.

Eine Traumreise hilft Ihnen dabei, Stress zu bekämpfen

Es ist inzwischen allgemein bekannt, dass die Anforderungen der modernen Gesellschaft viele Menschen überfordern. Stress ist zu einem der größten Gesundheitsprobleme unserer Zeit geworden. Während der Energiekur werden Sie lernen, mit dem alltäglichen Stress umzugehen. Sobald der Stress Sie heimsucht, begegnen Sie ihm mit diesem 9-Punkte-Plan.

1 Ziehen Sie sich allein in ein ruhiges Zimmer zurück. Setzen Sie sich und schließen Sie Ihre Augen.

2 Sagen Sie zu sich selbst: „Ich werde diese Müdigkeit überwinden."

3 Stellen Sie sich einen Fluss aus kristallklarem Wasser vor, in den Sie kopfüber eintauchen möchten.

4 Sie tauchen jetzt in diesem Fluss. Während Sie tauchen, merken Sie, wie die Müdigkeit sich von Ihnen entfernt, wie die Wellenkreise, die entstanden, als Sie hineingesprungen sind – immer weiter, bis sie verschwunden sind.

5 Sobald Sie die Wellen nicht mehr sehen können, atmen Sie tief ein und aus. Lassen Sie sich dabei völlig entspannt auf dem Wasser treiben.

6 Beginnen Sie nun Ihren Körper zu strecken. Spüren Sie, wie jedes Körperteil sanft bis an seine Grenzen gedehnt wird und visualisieren Sie dieses Bild.

7 Stellen Sie sich vor, wie Sie tiefer und tiefer sinken. Schwelgen Sie in dem wohligen Gefühl, ganz und gar von Wasser umhüllt zu sein.

8 Steigen Sie auf an die Wasseroberfläche und kommen Sie zurück in die reale Welt.

9 Atmen Sie ein und aus. Spüren Sie, wie sich Ihre Lungen beim Einatmen ganz und gar mit Luft füllen. Während Sie langsam ausatmen, achten Sie darauf, dass auch der letzte Rest verbrauchter Luft aus Ihren Lungen entweicht. Nun öffnen Sie die Augen.

Machen Sie diese Traumreise zu Ihrem persönlichen Shangri-La. Je häufiger Sie sich auf diese Reise begeben, desto leichter wird Ihnen die Übung fallen und Sie können Stress künftig im Nu abbauen.

Verwöhnen Sie sich

Warum auch nicht? Sie haben es verdient, denn Sie sind es sich wert! Gehen Sie in ein Blumengeschäft und kaufen Sie sich einen pächtigen Blumenstrauß. Und wenn Sie jemand fragt, für wen diese schönen Blumen sind, antworten Sie: „Sie sind für mich, denn ich habe sie verdient!"

Lachen

Wann haben Sie das letzte Mal von ganzem Herzen gelacht? Wissenschaftler haben nachgewiesen, dass Menschen, die Stress mit Humor begegnen

- seltener angespannt,
- seltener müde,
- seltener sauer,
- seltener depressiv sind.

Lachen hat tolle „Nebenwirkungen":

- Es entspannt die Gesichtsmuskulatur.
- Trainiert die tieferliegende Muskulatur.
- Die Atmung wird tiefer.
- Es verbessert die Durchblutung.
- Es wirkt blutdrucksenkend und sorgt für die Ausschüttung von Endorphinen.

Bringen Sie sich zum Lachen: Leihen Sie sich einen lustigen Film auf Video aus, lesen Sie ein witziges Buch oder schauen Sie sich Ihre Lieblings-Sitcom im Fernsehen an.

Tipps gegen Durchhänger

Die Energiekur dauert 28 Tage und ist mit einigen Entbehrungen verbunden. Daher ist es kein Wunder, dass Sie vielleicht manchmal aufgeben möchten. Doch halten Sie durch, denn Sie werden am Ende reichlich mit Energie belohnt.

Nehmen Sie deshalb die folgenden Verwöhntipps als Belohnungen in Ihr Programm auf. Diese werden Sie motivieren, weiterzumachen. Gönnen Sie sich beispielsweise eine Gesichts- oder Fußmaske oder genießen Sie ein luxuriöses Bad. Es ist wichtig, dass Sie während der Energiekur auch etwas für Ihre Seele tun. Wenn Sie einen Durchhänger haben sollten, weil der tägliche Sport Sie erschöpft, denken Sie an die Formel „Energie tanken durch Bewegung".

Gesichtsmaske

Haben Sie manchmal das Gefühl, Ihre Gesichtshaut könnte ein wenig straffer sein, doch Sie scheuen den Besuch bei einer Kosmetikerin? Dann probieren Sie diese Do-it-yourself-Maske aus. Sie ist für alle Hauttypen geeignet und hat eine hautstraffende Wirkung.

1 Sie brauchen ein Ei und einen Esslöffel Honig.

2 Eiweiß vom Eigelb trennen; Eiweiß steif schlagen.

3 Den Honig vorsichtig unterrühren.

4 Die Maske auf dem Gesicht verteilen und 20 Minuten einwirken lassen.

5 Anschließend mit warmem Wasser abwaschen.

Wenn Sie zu trockener Haut neigen, können Sie der Maske einige Tropfen Pfirsichkernöl beifügen.

Fußmaske

Wenn Sie Sport treiben, dann müssen Ihre Füße ganz schön was mitmachen: verschwitzte Turnschuhe und vielleicht sogar Blasen. Damit sie in Topform bleiben und ihre Haut nicht austrocknet, können Sie Ihre Füße mit einer Fußmaske verwöhnen.

1 Sie brauchen 2 Bananen, zwei TL Olivenöl, 2 EL feines Meersalz und den Saft von ½ Zitrone.

2 Banane in einer Schale zerdrücken und die restlichen Zutaten dazugeben.

3 Alles sorgfältig vermischen. Legen Sie ein Handtuch unter und cremen Ihre Füße dick mit der Mixtur ein.

4 Maske etwa 10 Minuten einwirken lassen und mit warmem Wasser abspülen. Schließlich die Füße mit Feuchtigkeitscreme eincremen.

Wie man negative Gedanken loswird

• Notieren Sie sich Ihre negativen Gedanken am Ende eines Tages und setzen Sie ihnen anschließend eine positive Aussage entgegen. Auf die negative Aussage „Ich fühle mich gar nicht mehr vital" könnten Sie positiv antworten mit: „Aber du machst viel mehr als früher."

• Wenn Sie gestresst sind oder sich Sorgen machen, halten Sie inne und denken Sie an einen glücklichen Moment. Versuchen Sie sich das Gefühl von damals zu vergegenwärtigen. Und wenn mal einfach alles schief läuft, dann nehmen Sie sich einen Tag frei. An diesem Tag machen Sie ganz bewusst nur Dinge, die Ihnen große Freude bereiten. Prägen Sie sich die Highlights in Ihrem Gedächtnis ein, dann können Sie sie immer wieder abrufen!

• Ignorieren Sie negative Gedanken, sobald sie sich ankündigen, denn sie können einen krank machen.

• Stellen Sie sich einer Herausforderung. Packen Sie eine neue Sportart an, mit dem Ziel, richtig gut darin zu werden. Haben Sie das geschafft, werden Sie viel mehr Selbstvertrauen haben.

Farben beeinflussen unsere Gefühle

Blau wirkt beruhigend.
Grün wirkt ebenfalls beruhigend und hilft besonders bei Sorgen und Angst.
Orange wirkt belebend und fördert die Kreativität und den Unternehmungsgeist.
Rot wirkt warm und anregend.
Violett stärkt das Selbstvertrauen und unterstützt das Einfühlungsvermögen.
Gelb stimmt optimistisch und steht für Hoffnung, Fröhlichkeit und Zuversicht.

Luxuriöses Wannenbad

Die heilsame Wirkung dieses Wannenbades ist kaum zu übertreffen, weil die ätherischen Öle, die dem Badewasser beigefügt werden, total beruhigend wirken. Einfach fünf Tropfen Majoran- und zehn Tropfen Lavendelöl ins heiße Badewasser geben.

Machen Sie das Badezimmerlicht aus – Kerzenlicht wäre schön – und verweilen Sie für 20 luxuriöse Minuten in Ihrem aromatischen Bad.

Farben machen glücklich

Sind Sie eher heiter oder traurig, wenn Sie ein rotes T-Shirt anziehen? Spüren Sie Gelassenheit, wenn Sie einen grünen Pulli tragen? Es ist wissenschaftlich erwiesen, dass Farben unsere Gefühle beeinflussen. Farben können uns dabei unterstützen, die Stimmung zu heben und zu beruhigen oder anzuregen.

Wenn Ihr Energieniveau niedrig ist, fühlen Sie sich unweigerlich niedergeschlagen: Nichts passt, alles fühlt sich falsch an. Wenn Sie also bereits die Hälfte der Energiekur hinter sich haben und Sie dringend eine Aufmunterung brauchen, dann kaufen Sie sich ein neues T-Shirt, einen schönen Blumenstrauß oder auch eine neue Lampe für Ihr Schlafzimmer!

Positiv denken

Während der Energiekur wird es Tage geben, an denen Sie sich niedergeschlagen fühlen. Doch hinter diesen negativen Gefühlen warten neue, positive. Versuchen Sie jeden Tag, diesen positiven Gefühlen an die Oberfläche zu helfen. Wer mit sich im Reinen ist, wird seine Persönlichkeit bejahen und seine Charaktereigenschaften akzeptieren – selbst die weniger perfekten. Man weiß heute, dass optimistische Menschen mit einer positiven Einstellung gesünder leben.

Energie: Tag 1–7

Sie haben sich vorbereitet und freuen sich schon darauf, in den kommenden 28 Tagen Energie zu tanken? Sie werden es nicht bereuen! In den nun vor Ihnen liegenden Tagen gehen große Veränderungen in Ihnen vor – Sie werden staunen!

Führen Sie ein Protokoll (siehe Seite 63) und hängen Sie es an Ihre Küchentür, damit Sie alles, was Sie während der Energiekur anwenden und erledigen, vor Augen haben.

Notieren Sie Ihre Aktivitäten in einem Tagebuch: Was haben Sie gegessen? Wie haben Sie sich beim Erwachen gefühlt? Wie haben Sie entspannt? Wie fühlen Sie sich am Ende jedes Tages? Sie werden an manchen Tagen viel schreiben und an anderen weniger. Doch das Geschriebene wird Ihnen an Tagen mit einem Durchhänger helfen und Sie motivieren, durchzuhalten.

Lesen Sie nun, wie Sie die ersten Tage gestalten können. Natürlich können Sie die Zeit und die Reihenfolge der einzelnen Aktivitäten an Ihre Bedürfnisse anpassen.

Sport-Protokoll

Auch die sportlichen Aktivitäten zu protokollieren ist eine gute Idee. Notieren Sie die Art der Aktivität/Sportart und wie Sie sich anschließend gefühlt haben. So werden Sie schnell erkennen, welche Fortschritte Sie hinsichtlich Vitalität und Fitness machen. Spätestens am Schluss der Energiekur werden Sie sehen, welche Power Sie im Vergleich zu deren Beginn haben.

06:45 Uhr

Stehen Sie 20 Minuten früher auf als üblich. Trinken Sie ein Glas warmes Wasser mit ein wenig Zitronen- oder Limonensaft.

07:15 Uhr

Machen Sie 10 Minuten Stretching.

08:00 Uhr

Nehmen Sie eine Energiedusche oder ein Bad und „schlagen" Sie mit den flachen Händen Ihren ganzen Körper, bevor Sie sich abtrocknen (siehe Seite 52).

08:45 Uhr

Frühstück: Mischen Sie Weizenkeime mit Joghurt, Honig und getrockneten Aprikosen. Dazu gibt es Kräutertee. Essen Sie langsam und genießen Sie jeden Bissen.

09:30 Uhr

Gehen Sie 30 Minuten stramm spazieren.

11:00 Uhr

Trinken Sie ein Glas Wasser und atmen Sie anschließend bewusst.

13:00 Uhr

Mittagessen: Nudeln in Tomatensauce mit Pellkartoffel und zwei Tomaten. Als Nachtisch einen Apfel.

Energie-Snacks

Während der 28-tägigen Energiekur kann es sein, dass Sie von Zeit zu Zeit Heißhunger bekommen oder gar Entzugserscheinungen, weil Sie kaum noch Zucker zu sich nehmen. Für diese Fälle sollten Sie immer etwas zum Knabbern bei sich haben – aber natürlich nicht irgendwas, sondern nur Lebensmittel, die Ihr Energieniveau dauerhaft heben.

Perfekte Energie-Snacks:

- Bananen
- Frisches Obst
- Haferkekse
- Kürbiskerne
- Nüsse (Mandeln, Paranüsse, Pecannüsse, Pinienkerne und Walnüsse)
- Reiswaffeln
- Rohes Gemüse
- Sonnenblumenkerne
- Trockenobst

14:15 Uhr

Machen Sie eine Traumreise. Genießen Sie anschließend eine Tasse Kräutertee.

16:00 Uhr

Tun Sie sich was Gutes – gönnen Sie sich eine Fußmaske.

18:00 Uhr

Wie wär's mit einem Gemüsecurry zum Abendessen?

19:00 Uhr

Seien Sie einfach nur faul.

20:00 Uhr

Genehmigen Sie sich ein Luxusbad und dann geht's früh ins Bett.

Tipps für die Woche

Die Tipps der ersten Woche haben natürlich auch jetzt noch Gültigkeit. Sie können die einzelnen Programmpunkte aber verändern, indem Sie verschiedene Nahrungsmittel und unterschiedliche Sporteinheiten ausprobieren. Wenn Ihnen nach sechs Tagen langweilig wird, machen Sie einfach etwas Verrücktes – nur zu! Kaufen Sie sich zum Beispiel einen großen, bunten Ball und spielen Sie damit im Garten – alleine, mit Ihren Kindern oder einer Freundin. So verschaffen Sie sich Bewegung und haben nebenbei sogar noch Spaß.

Maß- und Gewichtstabelle

Die Energiekur ist keine Diät zur Gewichtsreduktion. Doch durch die Veränderung Ihrer Routinen und Ihrer Essgewohnheiten werden Sie sich nicht nur bald attraktiver und wohler fühlen, sondern auch mehr Energie haben und eine kräftigere Muskulatur.

Notieren Sie Ihre Maße und Ihr Gewicht am Ende jeder Woche.

	1. Woche	2. Woche	3. Woche	4. Woche
Datum				
Gewicht				
Brust				
Taille				
Hüfte				

Einfach nur herumzualbern ist die beste Medizin bei Stress – für den Körper und den Geist.

Merke: Tragen Sie alle Aktivitäten in Ihrem Energieprotokoll ein, sobald Sie sie ausgeübt haben. Vor dem Schlafengehen können Sie sich in Ihrem Tagebuch notieren, wie Sie sich im Laufe des Tages gefühlt haben – notieren Sie negative Gefühle ebenso wie positive.

Energie: Tag 8–14

Inzwischen werden Sie schon eine gewisse Routine entwickelt und die einzelnen Programmpunkte der Energiekur Ihrem Tagesablauf angepasst haben. Auf zur zweiten Woche!

06:45 Uhr

Ein Glas warmes Zitronen- oder Limonenwasser erfrischt Sie für den neuen Tag.

07:15 Uhr

Zeit für 10 Minuten Stretching.

08:00 Uhr

Nehmen Sie ein Energieduschbad und rubbeln Sie Ihre Haut dann kräftig mit dem Handtuch ab.

08:45 Uhr

Fürs Frühstück eine Banane in Scheiben schneiden und mit einem Becher Magermilchjoghurt und etwas Müsli (ohne Zucker) verrühren.

09:30 Uhr

Springen Sie 20 Minuten lang mit einem Springseil. Vorher aufwärmen! Nur auf federndem Boden trainieren, damit die Muskeln und Gelenke nicht zu stark belastet werden.

Avocado-Haarkur

Diese Haarkur ist für jedes Haar geeignet.

- Sie brauchen eine Avocado.
- Stein aus der Avocado entfernen und das Fleisch zu einem Brei zerdrücken.
- Massieren Sie den Avocadobrei in Ihre Haare und auf Ihre Kopfhaut.
- Lassen Sie die Avocado-Haarkur unter einer Plastiktüte eine Stunde einwirken.
- Anschließend ausspülen und die Haare wie gewohnt mit Shampoo waschen.

11:00 Uhr

Trinken Sie ein Glas Wasser und machen Sie Ihre Atemübungen.

13:00 Uhr

Wie wär's mit Hähnchensalat zu Mittag?

14:15 Uhr

Besorgen Sie sich ein lustiges Video oder gehen Sie mal wieder ins Kino und schauen Sie sich eine Komödie an. Lachen tut gut. Nehmen Sie Trockenobst gegen den kleinen Hunger mit.

16:00 Uhr

Ein Glas frisch gepresster Saft.

18:00 Uhr

Heute gibt es gesunde Burger zum Abendessen (siehe Seite 50).

19:00 Uhr

Verwöhnen Sie Ihre Haare mit einer selbst gemachten Haarkur.

20:00 Uhr

Ziehen Sie sich vor dem Schlafengehen 20 Minuten mit einem guten Buch zurück.

Merke: Tragen Sie alle Aktivitäten in Ihr Energieprotokoll ein. Machen Sie sich Notizen in Ihrem Tagebuch, bevor Sie zu Bett gehen.

Tipps für die Woche

Versuchen Sie sich an die Abläufe der Energiekur zu gewöhnen. Ganz wichtig: Vergessen Sie nicht, Abwechslung in Ihren Speiseplan und in Ihren Tagesablauf einzubauen – schon ganz kleine Veränderungen sorgen dafür, dass Sie sich nicht langweilen.

Energie: Tag 15–21

Sie haben die ersten 14 Tage der Energiekur geschafft! Belohnen Sie sich und dann auf in die dritte Woche. Sicherlich haben Sie sich an den Tagesablauf inzwischen gewöhnt. Sorgen Sie aber für ausreichende Abwechslung, damit keine Langeweile aufkommen kann.

06:45 Uhr

Mit einem Glas warmem Zitronen- bzw. Limettenwasser kann der neue Tag beginnen.

07:15 Uhr

Jetzt ist Zeit für ein 10-minütiges Stretchingprogramm.

08:00 Uhr

Nehmen Sie ein Energieduschbad und rubbeln Sie Ihre Haut dann kräftig mit dem Handtuch ab.

08:45 Uhr

Zum Frühstück gibt es heute einen Muffin mit Magermilchkäse und einen frisch gepressten Orangensaft.

09:30 Uhr

Arbeiten Sie im Garten, gehen Sie shoppen oder sorgen Sie anderweitig für Bewegung.

11:00 Uhr

Trinken Sie ein Glas Kräutertee und meditieren Sie 20 Minuten lang.

13:00 Uhr

Probieren Sie ein neues Essen aus.

14:15 Uhr

Machen Sie eine Traumreise. Anschließend heißt es entspannen: Lesen Sie oder hören Sie Musik.

16:00 Uhr

Trinken Sie ein Glas frischgepressten Fruchtsaft.

18:00 Uhr

Wie wär's mit gebratenem Reis und Ei zum Abendbrot?

19:00 Uhr

Nach einem anstrengenden Tag sind Ihre Augen geschwollen? Probieren Sie das Rezept gegen müde Augen aus (diese Seite).

Rezept gegen müde Augen

Gegen geschwollene, müde Augen:
- Sie brauchen ¼ Gurke und einen Teelöffel Milchpulver.
- Lösen Sie so viel Weiches aus der Gurke, bis Sie etwa zwei Teelöffel zusammenhaben.
- Einen Teelöffel Milchpulver dazugeben.
- Alles zu einer Paste verrühren.
- Verteilen Sie die Paste auf beiden Augenlidern und unterhalb des unteren Lidrands.
- Lassen Sie das Ganze zehn Minuten einwirken und nehmen Sie die Paste anschließend mit einem feuchten Wattebausch wieder ab.

20:00 Uhr

Machen Sie Atemübungen. Essen Sie ein Stück Obst und lesen Sie ein gutes Buch vorm Schlafengehen.

Tipps für die Woche

Halten Sie sich an die Programmpunkte der Energiekur, auch dann, wenn Sie eigentlich keine Lust haben. Machen Sie was Schönes, falls Sie sich niedergeschlagen fühlen. Gehen sie zum Workout in Ihr Fitnessstudio. Und nicht vergessen: So ein Hausputz ist genauso gut wie Sport.

Energie: Tag 22–28

Jetzt ist es fast geschafft! Sie nähern sich dem Ende der Energiekur und es geht Ihnen fantastisch. Inzwischen sprühen Sie nur so vor Energie. Das haben Sie zum einen Ihrer gesunden Ernährung und zum anderen der regelmäßigen Bewegung und der Entspannung zu verdanken. Machen Sie weiter so!

06:45 Uhr

Unterstützen Sie Ihren Körper beim Erwachen mit einem Glas warmem Limonen- oder Zitronenwasser.

07:15 Uhr

Jetzt ist Zeit für ein 10-minütiges Stretchingprogramm.

08:00 Uhr

Nehmen Sie ein Energieduschbad und rubbeln Sie Ihre Haut anschließend kräftig mit dem Handtuch ab.

08:45 Uhr

Zum Frühstück gibt es Rührei mit Roggenbrot.

09:30 Uhr

Jetzt ein strammer Spaziergang, der Sie zum Schwitzen bringt.

11:00 Uhr

Trinken Sie eine Tasse Kräutertee und konzentrieren Sie sich fünf Minuten bewusst auf Ihre Atmung.

13:00 Uhr

Zum Mittagessen gibt's Pittabrot mit Bohnen.

14:15 Uhr

Machen Sie einen Stadtbummel und belohnen Sie sich mit etwas Schönem: einem poppigen T-Shirt oder einer tollen Pflanze. Es sollte bunt und fröhlich sein. Daheim ruhen Sie sich bei einem Glas Wasser aus. Essen Sie ein paar Nüsse, wenn Sie Hunger haben.

16:00 Uhr

Zeit für 20 Minuten absoluter Ruhe.

18:00 Uhr

Abendessen. Feiern Sie Ihren Erfolg doch mit einem Restaurantbesuch! Sicher finden Sie etwas Gesundes auf der Speisekarte. Wie wär's anschließend mit einem Liebesfilm im Kino? Einmal herzhaft geweint ist ebenso gesund wie Lachen.

Sie fühlen sich wie neu!

- Ihre Haut ist so schön wie seit Jahren nicht mehr.
- Bewegung ist nun ein fester Bestandteil Ihres Alltags.
- Ihr Körper ist in großartiger Verfassung.
- Sie werden in Hochstimmung sein.
- Sie werden sich gesund fühlen wie seit Jahren nicht mehr.

Wiegen und messen Sie sich und tragen Sie die Ergebnisse in der Liste auf Seite 59 ein. Vergleichen Sie Ihre Werte mit denen aus den letzten Wochen. Jetzt wissen Sie, was Sie geleistet haben.

22:00 Uhr

Ab ins Bett und schlafen Sie den Schlaf der Gerechten!

Tipps für die Woche

Bleiben Sie bis zum Schluss am Ball. Nehmen Sie sich für den letzten Tag etwas Besonderes vor: Wie wäre es mit einem neuen Sportoutfit, um am Ball zu bleiben?

Energieprotokoll

Tragen Sie in diese Tabelle Ihre Aktivitäten ein.

Aktivitäten/Tag	1	2	3	4	5	6	7	8	9	10	11	12	13	14	15	16	17	18	19	20	21	22	23	24	25	26	27	28
1 Glas warmes Wasser mit Zitronen- oder Limettensaft																												
Stretching																												
Energiedusche																												
Frühstück																												
Mittagessen																												
Abendessen																												
Aloe vera																												
1,75 Liter Wasser																												
Multivitaminpräparat																												
3 Portionen frisches Obst																												
3 Gemüsemahlzeiten																												
Ziegen-, Schafs-, Sojamilch																												
20 Minuten absolute Ruhe																												
10 Minuten Traumreise																												
30 Minuten Gymnastik																												
Verwöhnprogramm																												
5 Minuten Atemtraining																												
Lachen																												

Herzlichen Glückwunsch!

Sie haben es geschafft! Sie haben die beiden 28-Tage-Kuren Detox und Energie erfolgreich abgeschlossen. Sicherlich fühlen Sie sich jetzt fit und gesund wie seit Jahren nicht mehr. Sie haben allen Grund, stolz auf sich zu sein.

Sie haben Ihren Körper erfolgreich von Giftstoffen befreit – was Sie nebenbei fit, gesund und selbstbewusst gemacht hat. Außerdem haben Sie erfahren, wie viel Energie Sie aus Bewegung schöpfen können. Jetzt wissen Sie mehr über Ihren Körper, als Sie jemals für möglich gehalten haben.

Es gab während der Kuren ganz bestimmt Momente, in denen Sie am liebsten aufgegeben hätten. Doch Sie haben sich von derartigen Selbstzweifeln nicht aufhalten lassen und können deshalb wirklich stolz auf sich sein. Sorgen Sie dafür, dass Sie sich auch in Zukunft so pudelwohl fühlen wie jetzt.

Und noch etwas ist Ihnen klar geworden: Sie selber können etwas dazu beitragen, dass es so bleibt!

Versuchen Sie die folgenden Empfehlungen zu einem Teil Ihres täglichen Lebens zu machen

- Trinken Sie täglich nach dem Aufstehen ein Glas mit warmem Zitronen- bzw. Limonenwasser.
- Trinken Sie mindestens 1,75 Liter Wasser täglich.
- Machen Sie zweimal am Tag etwas Gutes für Ihre Leber – eine Hand voll dunkler Trauben und eine Tasse Fencheltee sind ideal.
- Machen Sie zweimal am Tag etwas Gutes für Ihre Nieren – trinken Sie Ihren Zitronensaft mit einem Teelöffel Honig und geben Sie Preiselbeeren zu Ihrem Frühstück.
- Essen Sie täglich drei vollwertige Mahlzeiten.

So haben Sie dauerhaft viel Energie

- Meiden Sie raffinierte Nahrungsmittel wie etwa geschälten Reis, weißen Zucker und Weißbrot.
- Versuchen Sie auf Kaffee, Schokolade und Zucker weitgehend zu verzichten.
- Essen Sie regelmäßig kleinere, aber natürlich gesunde Zwischenmahlzeiten.
- Essen Sie zunehmend mehr komplexe Kohlenhydrate – ungeschälten Naturreis, Vollkornprodukte und Körner; sie sorgen für ein konstantes Energieniveau.
- Jede Mahlzeit sollte proteinhaltige Nahrungsmittel enthalten, etwa Hähnchen oder Fisch, bei Vegetariern Quorn oder Tofu.
- Frühstücken Sie grundsätzlich.
- Treiben Sie regelmäßig Sport.
- Nehmen Sie sich täglich Zeit für sich selbst – und wenn es nur zehn Minuten sind.
- Lernen Sie, sich zu entspannen.